保存版

有名パティスリーの
スペシャリテ

技と個性で魅了する、人気41店の85品

旭屋出版

\<Contents\>

Chapter I　Spécialités de fruits
フルーツ系のスペシャリテ

010	アントワネット	パティスリー ラパージュ
012	クー・デ・ボワ	シェ・シバタ
014	SAYA（サヤ）	パティスリー ラクロワ
017	アンサンブル	パティスリー ユウ ササゲ
020	パルファン	パティスリー ユウ ササゲ
023	苺のミルフェ	菓子工房アントレ
026	苺のモンブラン	ペリ亭
028	タルト・オ・フランボワーズ	ケーキハウス ミサワ
030	シャンティ・オ・フレーズ	パティスリー ケン ニシオ
032	いちごショート	御影髙杉
034	ミリー・ラ・フォレ	カフェタナカ
037	キールロワイヤル	パティスリー エキュバランス
040	いちごのクレープ	ケーキハウス ミサワ
042	ロワイヤル・アロマ	メゾン・スヴニール
045	サントノーレ ノワゼット オランジュ	パティスリー ユウ ササゲ
048	Sophie（ソフィ）	パティスリー パクタージュ
051	タルト ノルマンドゥ シブースト	ブーランジュリー パティスリー カルヴァ
054	トロピカル	アルカイク
056	カシスマンゴー	パティスリー セークルトロワ
058	シトロン・ブラン	パティスリー ラ プラージュ
060	Cake fruits（ケーク・フリュイ）	パティスリー パクタージュ
063	ボルドー	夢菓子工房 ププリエ
066	ショコラバナーヌ	パティスリー セークルトロワ
068	ポンム・ノルマンド	アルカイク

Chapter 2

Spécialités de chocolat et Marron
チョコレート、マロンのスペシャリテ

072　アプソリュ -------------------------------- ピエール・プレシュウズ
075　ショコラショコラ -------------------------- ラメール洋菓子店
078　タルト ショコラ ジャンドゥーヤ ------- パティスリー ケン ニシオ
080　ショコラルージュ ------------------------ パティスリー エキュバランス
082　マリリン ---------------------------------- アルカション
084　フォレノワール -------------------------- パティスリー レザネフォール
086　1978(イチキュウナナハチ) ------------- パティスリー ラクロワ
088　カンテサンス ---------------------------- パティスリー レタンプリュス
091　メティス ---------------------------------- パティスリー カボ
094　アルパコ --------------------------------- パティスリー ユウ ササゲ
096　スフレ・ショコラ ------------------------ メゾン・スヴニール
098　ヌメロ ドゥー --------------------------- パティスリー ユウ ササゲ
101　マリア ------------------------------------ ル スリール ダンジュ
104　岩間栗のモンブラン --------------------- パティスリー コサイ
106　モンブラン ------------------------------- パティスリー ラ プラージュ
108　モンブラン ------------------------------- ペリ亭
110　マロニエ --------------------------------- アグレアーブル
112　モンブラン ------------------------------- ピエール・プレシュウズ

Chapter 3

Spécialités de noix et de caramel, café, thé
ナッツ、キャラメル、コーヒー、お茶系のスペシャリテ

118	メープルキャラメル	パティスリー エキュバランス
120	カカウェット	パティスリー レタンプリュス
123	ショコラ・デ・ショコラ	ル・パティシエ ヨコヤマ
126	アルカイク	アルカイク
128	アマンド	パティスリー ラ プラージュ
131	アルマニャック	パティシエ エイジ・ニッタ
134	プララン	シャルル フレーデル
137	プラリネ・ショコラ	ケーキハウス ミサワ
140	タルトレット ピスターシュ	パティスリー ラ プラージュ
142	シシリアン	パティスリー ラパージュ
145	ピスターシュ	アグレアーブル
148	はちみつムース	御影髙杉
150	カフェラッテ	ラメール洋菓子店
153	ノワゼットカフェ	パティスリー レザネフォール
156	アグレアーブル	アグレアーブル
159	アロマティック	パティスリー エキュバランス
162	デリス・テ・ヴェール	パティスリー ラ プラージュ

Chapter 4

Gâteau au fromage et pudding, gelée
チーズケーキ、プリン、ゼリー系の
スペシャリテ

166	スティック Kiri	ラメール洋菓子店
168	タルト・シトロン・フロマージュ	ピエール・プレシュウズ
170	ミ・キュイ・フロマージュ	シェ・シバタ
172	ケーゼクレーム　トルテ	コンディトライ　シュターン
174	トワ・フロマージュ	カフェタナカ
177	フロマージュ・クリュ	アグレアーブル
180	フロマージュ	ゆりのき台　菓子工房　ノエル
183	果実美人〜シークヮーサーとパイン酢のジュレ〜	ポアール　帝塚山本店
186	バニーユ	パティスリー　シュクレペール
188	にしかまプリン	レ・シュー
190	パスティス	パティスリー　シュクレペール
192	抹茶のプディング	ケーキハウス　ミサワ
194	オリエンタル	ショコラティエ　パレ　ド　オール
196	蟠桃のブランマンジェ	菓子工房アントレ
198	あんずと杏仁	お菓子屋　ビスキュイ

Chapter 5

Gâteau roulé, Choux à la crème, Baumkuchen
ロールケーキ、シュークリーム、バウムクーヘンのスペシャリテ

- 202　メープルロール ────── 菓子工房 パオ・デ・ロ
- 204　岩シュー ────── ル・パティシエ ヨコヤマ
- 206　純生和三盆ロール ────── メゾン・スヴニール
- 208　エクレール・オ・キャラメル、エクレール・アリアンス ────── シェ・シバタ
- 210　テ・ノワ ────── カフェタナカ
- 212　ミュウ ────── 菓子工房 パオ・デ・ロ
- 214　ルーロ・オ・ブラン ────── ケーキハウス ミサワ
- 216　ふわふわロール ────── パティスリー ボン・クラージュ
- 218　バウムクーヘン ────── コンディトライ シュターン
- 220　シュー・セザム ────── パティスリー ロア レギューム
- 222　サントノーレ ────── ピュイサンス

- 007　本書をお読みになる前に
- 225　お店一覧とスペシャリテの掲載ページ

＜本書をお読みになる前に＞

◆本書は、弊社刊行の以下のムック本より記事及び写真を抜粋し、加筆修正を加えて1冊にまとめたものです。

「人気パティシエが教える評判ケーキ」（2003年刊）
「評判パティスリーから習う大人気ケーキ」（2004年刊）
「人気パティシエの最新技術」（2006年刊）
「人気パティシエ10人の最新ケーキ」（2007年刊）
「評判ケーキの技術」（2008年刊）
「人気パティシエ10人の50品」（2011年刊）
「人気パティシエ10人のスペシャリテとプティ・ガトー」（2014年刊）

◆紹介しているケーキの中には現在、提供を終了しているものもありますが、その製法やアイデアが読者にとってよりよい商品づくりの参考になるものとして掲載しております。

◆レシピについて
- 材料、分量、作り方とも、各店の表記に従っておりますので、同じ内容でも表記が異なる場合があります。
- 加熱、冷却、撹拌時間などは各店で使用している機器を使用した場合のものです。
- 分量に「適量」とあるものは、様子を見ながらお好みでお使いください。
- 出来上がり分量の記載がないものは「基本配合」です。
- 材料の生クリームと牛乳の「％」は乳脂肪分を、チョコレートの「％」はカカオ分を表しています。
- レモン、オレンジ等の皮を使う場合は、有機栽培でノーワックスのものをお選びください。
- ゼラチンを戻すための水は、特に記している場合を除き材料から省いています。
- 無塩バターの正規表示は「食塩不使用バター」ですが、通称の「無塩バター」で表記しています。有塩バターを使用する場合は「有塩バター」と表記します。
- 各パーツの作り方以外は、組み立て方などを含めて＜仕上げ＞としてまとめています。

◆編集／雨宮　響　齋藤明子　久保田恵美
◆デザイン／1108GRAPHICS

chapter I
Spécialités de fruits

アントワネット

パティスリー ラパージュ

フルーティーな風味が特徴の
チョコレートを使い
フランボワーズの酸味と引き立て合う

ガナッシュには、フランボワーズ、ローズエッセンス、ライチのミックスピューレを使用。生地とガナッシュを4層に重ねて、フランボワーズ・ペパンのコンフィチュールを塗って多層的なおいしさを構築している。

recette （56.5cm×36.5cm のカードル1台分）

＜ビスキュイ・フォンダンショコラ＞ （56.5cm×36.5cm のカードル4台分）

材料
スイートチョコレート（ヴァローナ社「カラク」）…1180g　無塩バター…560g
メレンゲ＜乾燥卵白…8g　グラニュー糖…620g　卵白…1120g＞
薄力粉…200g

作り方
1. スイートチョコレートとバターを60℃に温めて溶かし混ぜる。
2. 乾燥卵白とグラニュー糖をよく混ぜて1/3量を卵白に加え、ミキサーの高速でまわして泡立てる。残りを2回に分けて加えながら、角が少し垂れるくらいのやわらかいメレンゲを作る。
3. 1にあらかじめふるった薄力粉を合わせ、2を3回に分けて加えながら、軽くさっくりと合わせる。
4. フレンチ天板にオーブンペーパーを敷き、カードルをはめて生地をのばし、バッケンスルーオーブンの中火190℃、弱火170℃でダンパーを閉めて8分間焼く。焼成後は、冷めてからカードルをはずす（a）。

＜ガナッシュ　フランボワーズ・ライチ・ローズ＞

材料
ライチ・フランボワーズ＆ローズピューレ（キャップフリュイ社）…1300g
36％生クリーム…200g　トリモリーヌ…150g
スイートチョコレート（カオカ社「トロアコンチネンツ」）…1360g
無塩バター…500g

作り方
1. フルーツのピューレ、生クリーム、トリモリーヌを鍋で沸騰させる。
2. スイートチョコレートに1を加えて（b）バーミックスで混ぜ、しっかりと乳化させる（c）。
3. 約50℃になったら、バターを加えてバーミックスでしっかり混ぜ、よく乳化させる。

＜コンフィチュール・フランボワーズ・ペパン＞ （56.5cm×36.5cm のカードル1台分）

材料
フランボワーズ・ブリゼ（冷凍）…500g　グラニュー糖…300g
レモン汁…25g　ペクチン…10g　板ゼラチン…3g

作り方
1. フランボワーズとグラニュー糖（150g）を合わせて冷蔵庫で一晩ねかせる。翌日、レモン汁を加えて炊く。
2. グラニュー糖（150g）とペクチンをよく混ぜ合わせて、1が60℃になったら、少しずつ加えながら炊く。
3. 沸騰したら、あらかじめふやかしておいたゼラチンを加えて、むらなく混ぜ溶かし、すぐに容器を氷水に当てて冷やす。

＜仕上げ＞

材料
フランボワーズ／飾り用ブラック・ショコラ

作り方
1. 56.5cm×36.5cm のカードルにビスキュイをはめる。
2. 上にガナッシュ（875g）を流して均一にならす。同様の手順でビスキュイとガナッシュを交互に4層ずつ重ね、一度冷凍庫で固める。表面にコンフィチュールを塗る。
3. サイズ（9cm×2.9cm）にカットする。表面中央に1/2にカットしたフランボワーズを2個のせ、上に穴をあけたブラック・ショコラを飾る。

ビスキュイ・フォンダンショコラは焼き縮みを防ぐ

焼成後すぐにカードルをはずすと生地が縮むため、はめたままで熱を取る。

生クリームとピューレを沸かして一気にチョコレートに注ぐ。

バーミックスをボウルの底に当てて空気を抜きながら混ぜ合わせる。

クー・デ・ボワ

シェ・シバタ

ハートの中は
やさしい味のバヴァロワ
モダンなデザインに
思わず手がのびる

ダコワーズの台にバニラのバヴァロワ。バヴァロワにはフランボワーズのジュレが隠されていて、ほどよい甘さのバヴァロワをジュレの酸味が引き締めている。「過剰なデザインはケーキの本質を見えなくする」と、デコレーションはアラザンのみ。インパクトの強い外観とやわらかい食感とのギャップも楽しい。

recette（作りやすい分量）

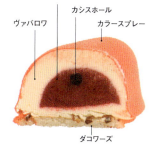

＜ダコワーズ＞（天板1枚分）

材料
- 粉糖…150g
- アーモンドプードル…200g
- 薄力粉…40g
- 卵白…230g
- グラニュー糖…150g
- アーモンドキューブ…適量

作り方
1. 粉糖、アーモンドプードル、薄力粉は一緒にふるっておく。
2. 卵白、グラニュー糖でしっかりしたメレンゲを作り、1を加えてさっくりと合わせる。
3. シートにのばしてアーモンドキューブを散らし（a）、200℃のオーブンで10分焼成する。

ダコワーズは
しっとり仕上げる

天板に薄くのばし、アーモンドキューブを全面にふる。アーモンドは食感に変化をつけるため。

＜バヴァロワ＞（フレキシパン1枚、20個分）

材料
- 牛乳…400g
- 卵黄…4個分
- グラニュー糖…120g
- バニラ…1本
- ゼラチン…14g
- キルシュ…40g
- クレーム・フェッテ…400g

作り方
1. 牛乳、卵黄、グラニュー糖、バニラでアングレーズを煮る。
2. 煮上がったら、すぐにふやかしておいたゼラチンを加え、シノワでこす。
3. 冷えたらキルシュを入れ（b）、クレーム・フェッテと合わせる。

バヴァロワには
風味をしっかりつける

アングレーズが冷えてからキルシュを加える。風味がはっきりわかるように十分な量を使う。

＜ジュレ・フランボワーズ＞（フレキシパン1枚、48個分）

材料
- ゼラチン…8g
- フランボワーズピューレ…540g
- 水…83g　グラニュー糖…42g
- カシスホール…96粒（1個につき2粒）

作り方
1. ゼラチンはふやかしておく。
2. フランボワーズピューレ、水、グラニュー糖を混ぜ合わせ80℃まで熱し、ゼラチンを加え溶かす。
3. カシスホールを入れ、型に流す。

バヴァロワ、ジュレ、ダコワーズの
3層で組み立てる

＜仕上げ＞

材料
- アラザン／フランボワーズ

作り方
1. バヴァロワをフレキシパンに絞り入れ、冷凍しておいたジュレ・フランボワーズを中央に入れる。
2. さらにバヴァロワを入れてパレットナイフで表面を平らにする。
3. 型に合わせて抜いておいたダコワーズをのせて（c）、冷やし固める。
4. 固まれば型から抜き、カラースプレーを全体にかけ、アラザンとフランボワーズで飾る。

型に合わせて抜いたダコワーズを、ナッツをふった面を下にしてかぶせる。

SAYA（サヤ）

パティスリー ラクロワ

真紅のバラのイメージを、いちごの味とライチの香りで表現

パリで食べたバラの形のガトーを再現してほしいというマダムからのリクエストで作った。土台はプティ・ガトーには珍しいフィナンシェ、それもいちご風味。中にフランボワーズとライチのコンフィチュールを入れ、いちごのムースをのせ、ライチリキュール入りのシャンティイをバラの形に絞って完成。色は、赤の色素入りカカオバターを原液のままピストレしてイメージ通りに仕上げた。1日8個限定。

recette（48個分）

＜フィナンシェ・フレーズ＞

材料
- A＜卵白…500g　はちみつ（れんげ）…200g　グラニュー糖…500g＞
- B＜アーモンドプードル（スペイン産）…200g　薄力粉…200g
  いちごパウダー…40g＞
- 発酵無塩バター…500g

作り方
1. Aをミキサーでほぐす程度に混ぜ、合わせてふるったBを加えて混ぜる。
2. 溶かしバターを作り、1に加えて混ぜる（a）。冷蔵庫で一晩やすませる（作り立ての生地はやわらか過ぎるため、冷やして生地を締めて絞りやすくする）。
3. 翌日、2を12番の丸口金で直径6cm×高さ2.5cmのサバラン型に絞り入れる（b）。オーブンを上火・下火とも200℃に設定して温めておく。
4. オーブンに3を入れたら上火185℃・下火180℃に下げ、約20分焼く（c）。

＜フランボワーズとライチのコンフィチュール＞（仕込み量）

材料
- ライチ（シロップ漬け、缶詰）…500g
- フランボワーズ（チリ産、冷凍ホール）…1000g
- グラニュー糖…750g
- ※ライチがシロップ漬けなので、グラニュー糖は少なめにしている。

作り方
ライチは小さく刻み、フランボワーズ、グラニュー糖とともに鍋に入れ、とろみがつくまで炊く。

＜ムース・フレーズ＞

材料
- いちごピューレ…300g
- グラニュー糖…20g
- 板ゼラチン…8g
- いちご濃縮果汁（ドーバー「トックブランシュ フレーズ」）…60g
- 38％生クリーム（タカナシ乳業「特選北海道フレッシュクリーム38」）…300g

作り方
1. 分量の2/3のいちごピューレとグラニュー糖を火にかけ、水でふやかしたゼラチンを入れて溶かす。
2. 1に残りのいちごピューレを入れ混ぜ、いちご濃縮果汁を混ぜる。
3. 生クリームを七分立てにし、2に混ぜ合わせる。
4. 直径4.5cm×高さ2cmのドーム型フレキシパンに入れ、冷凍庫で冷やし固める。

＜シャンティイ・オ・ディタ＞

材料
- マスカルポーネ（タカナシ乳業「北海道マスカルポーネ」）…500g
- 38％生クリーム（タカナシ乳業「特選北海道フレッシュクリーム38」）…1200g
- ライチリキュール（ペルノ・リカール社「ディタ ライチ」）…160g
- いちご濃縮果汁（ドーバー「トックブランシュ フレーズ」）…120g

作り方
すべての材料を合わせてミキサーで七分立てにした後、ボウルの底に氷水を当てて泡立て器で絞りやすいかたさに調整する。

生地は前日に仕込んで一晩おいて締めてから絞る

生地は最後に溶かしバターを混ぜる。焼き菓子としてのフィナンシェは焦がしバターを使うが、ガトーの一部にする場合はほかの風味を損なわないように溶かしバターを使う。作り立てはやわらか過ぎて絞りにくいので、冷蔵庫に一晩おく。

翌日、冷えて締まった生地を12番の丸口金をつけた絞り袋に入れ、サバラン型に絞り入れる。中央の突起がかくれる七分目くらいまで入れ、余熱しておいたオーブンに入れて焼く。

200℃に設定しておいたオーブンに入れ、上火185℃、下火180℃に落として焼く。途中で天板の前後を入れ替えると均一に色づく。中まで火を通すが、底に濃い焼き色がつかない程度が目安。

▶次ページに続く

<仕上げ>

材料

ピストレ（カラードカカオバター（赤））／ナパージュ／金箔

作り方

1. フィナンシェ・フレーズのくぼみにフランボワーズとライチのコンフィチュールをティースプーン1杯分を目安に入れ（d）、上にムース・フレーズをのせる。冷凍庫に入れておく。
2. 1の上に、シャンティイ・オ・ディタを20番のサントノレ口金でバラの花の形に絞る（e・f・g）。
3. カラードカカオバター（赤）を原液のままピストレし、ナパージュでしずくを作り、金箔を飾る。

手を冷やしながら手早く バラの花の形に絞る

フィナンシェ・フレーズのくぼみに、コンフィチュールをティースプーン1杯分を目安に入れる。コンフィチュールはフランボワーズとライチで作ったもの。ライチがシロップ漬けなので砂糖は少なめにしてある。

20番のサントノレ口金をつけた絞り袋にシャンティイ・オ・ディタを入れ、ムースの上にバラの花を絞る。まず最初の1片を中央にのせる。作業中は、手の熱が絞り袋のクリームを変化させないように、手を氷水で冷やしながら行う。

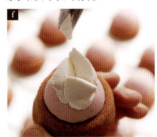

次の2片を三角形を描くような位置に絞る。

三角形の外に5片、さらに外側に6片を絞り、バラの花の完成。この後、赤のカラードカカオバターでピストレし、ナパージュのしずくと金箔を飾る。

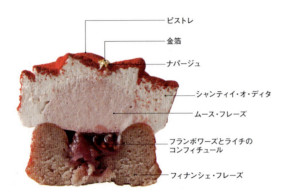

- ピストレ
- 金箔
- ナパージュ
- シャンティイ・オ・ディタ
- ムース・フレーズ
- フランボワーズとライチのコンフィチュール
- フィナンシェ・フレーズ

アンサンブル

パティスリー ユウ ササゲ

マロンとフランボワーズの
組み合わせの妙を楽しませ
コニャックの香りで大人の味わいを

ダッコワーズ、マロンムース、フランボワーズのジュレ、ブランデーのクリームを重ね、味わいや食感の調和を表現。マロンとフルーツの酸味は相性がよく、一般的にはカシスを合わせることが多いが、このケーキではフランボワーズを使い、カシスとは異なる酸味との組み合わせの妙を楽しませている。コニャックで香りづけしたクリームを中間に挟み、さり気なく贅沢な大人の味わいを演出。

▶次ページに続く

recette（作りやすい分量）

＜ダッコワーズ・ノワ＞（60cm×40cm天板2枚分）

材料
- くるみ…408g
- アーモンドプードル…60g
- 粉糖…240g　薄力粉…50g
- メレンゲ＜卵白…684g　グラニュー糖…228g＞

作り方
1. くるみ、アーモンドプードル、粉糖、薄力粉をロボクープにかける（a）。
2. 卵白にグラニュー糖を数回に分けて入れ、しっかりしたメレンゲを立てる（b）。
3. 2に1をゴムべらで混ぜながら少しずつ加える（c）。
4. シルパットを敷いた天板に3を流して均等にのばし、185℃のオーブンで12分焼成し、冷ましておく。

＜ジュレ・ド・フランボワーズ＞（37cm×57cmカードル1台分）

材料
- フランボワーズピューレ…900g
- グラニュー糖…135g　板ゼラチン……18g

作り方
1. フランボワーズピューレとグラニュー糖を鍋に入れて温める。
2. 火を止めて水でふやかしたゼラチンを加えて溶かし、冷やす。
3. 2をカードルに流し、冷凍庫で冷やし固める。

＜クレーム・コニャック＞（37cm×57cmカードル1台分）

材料
- 卵黄…180g　グラニュー糖…144g
- 牛乳…444g　板ゼラチン…14.2g
- コニャック…60g
- 35%生クリームモンテ（六〜七分立て）…540g

作り方
1. 卵黄とグラニュー糖をすり混ぜ、沸騰直前まで温めた牛乳を混ぜながら加える。
2. 1を鍋に戻して混ぜながら加熱し、アングレーズソースを炊く。
3. 2を火からおろし、水でふやかしたゼラチンを加えて溶かし、裏漉しする。
4. 3が冷えたら、コニャックを加えて混ぜる。
5. 生クリームモンテを加えて泡立て器で混ぜ、ゴムべらで調える。

＜ムース・マロン＞（37cm×57cmカードル1台分）

材料
- 卵黄…261g　グラニュー糖…109g
- 牛乳…457g　板ゼラチン…36.5g
- コニャック…44g
- マロンペースト…783g
- マロンクリーム…848g
- 35%生クリームモンテ（六〜七分立て）…1566g

作り方
1. 卵黄とグラニュー糖をすり混ぜ、沸騰直前まで温めた牛乳を混ぜながら加える。
2. 1を鍋に戻して混ぜながら加熱し、アングレーズソースを炊く。
3. 2を火からおろし、ふやかしたゼラチンを加えて溶かし、裏漉して氷水で冷やす。
4. 3が冷えたら、コニャックを加えて混ぜる。
5. マロンペーストとマロンクリームを混ぜ、4を数回に分けて加えて、ダマにならないように泡立て器で混ぜる。
6. 生クリームモンテを加えて泡立て器で混ぜ、ゴムべらで調える。

くるみの砕き加減を見極めて、メレンゲもしっかりかたく立てる

くるみと粉類をロボクープにかける際、くるみが粗すぎると生地の安定感が悪くなり、細かすぎると油分が出てベタッとする。粉と同化した状態がベスト。

粉の配合が少ない生地なので、メレンゲをしっかり立てておかないと生地が沈みやすくなる。ミキサーでかたく立てておく。

粉類はゴムべらで混ぜながらメレンゲに加え、かたく立てたメレンゲの泡を消さないよう、底からゴムべらですくうようにして合わせる。

＜グラサージュ・ルージュ＞（でき上がり2100g）

材料
グラニュー糖…150g　ペクチン…26g
フランボワーズピューレ…1000g
水…300g　水あめ…150g
ミロワール・ヌートル…500g

作り方
1. グラニュー糖の一部（適量）にペクチンを加えて混ぜる。
2. 鍋にフランボワーズピューレ、水、グラニュー糖、水あめを入れて火にかけ、沸騰したところに1を加えて溶かす。
3. 2を火からおろしてミロワール・ヌートルを加え、バーミキサーをかけて乳化させる。

＜仕上げ＞

材料
マロングラッセ、フランボワーズ、粉糖

作り方
1. 37cm×57cmのカードルにジュレ・ド・フランボワーズをすべて流して冷やし固め、その上からクレーム・コニャックをすべて流して冷やし固める。
2. 37cm×57cmにカットしたダッコワーズ・ノワをカードルに敷き込み、ムース・マロンの半量を流す。その上にダッコワーズ・ノワを1枚のせてから、1をのせ、残りのムース・マロンを流し、表面を平らにする。冷凍庫で冷やし固める。
3. グラサージュ・ルージュを40℃ぐらいに温めてバーミキサーにかけ、2の上から均一にかける。
4. 砕いたマロングラッセ、フランボワーズを飾り、粉糖をふる。

パルファン

パティスリー ユウ ササゲ

フランス語の「香り」と名づけたスペシャリテは
ナチュラルなローズリキュールを主役にした気品ある味わい

自然な香りを持つフランス「ジルベール・ミクロ社」のローズリキュールとの出合いから生まれたスペシャリテ。同店の開業時、つぼみからバラが花開くデザインに一新させた。フランボワーズの甘さや酸味をベースに、表面を飾るメレンゲと中央にしのばせたジュレにバラの香りを添え、気品のある味わいを演出。時間差で味わいが次々と替わる、ストーリー性のある構成も魅力。意外にも男性ファンを多く持つ。

recette（作りやすい分量）

＜パート・シュクレ＞（直径6cmのセルクル、約200個分）

材料
A＜無塩バター…2240g　薄力粉…3200g　粉糖…1200g
　　バニラシュガー…48g　塩…32g　アーモンドプードル…400g＞
全卵…640g

作り方
1. Aをボウルに入れ、カードを使って粉の中でバターを刻み、バターが細かな粒状になって粉に均等に混ざった状態にする。
2. 溶きほぐした全卵を1に加え、フックでむらなく混ぜる。
3. 2を粘りが出ないようにカードで混ぜ、ひとまとめにして冷蔵庫で約1時間やすませる。
4. 3を2mm厚にのばし、直径6cmのセルクルに敷き込み、冷蔵庫で約30分やすませる。

＜フランジパンヌ・オ・テ＞（でき上がり5kg）

材料
フランジパンヌ＜無塩バター…900g　粉糖…900g　全卵…900g
　　アーモンドプードル…900g　薄力粉…150g
　　クレーム・パティシエール★…720g　ラム酒…75g＞
紅茶の茶葉パウダー（アールグレイ）…フランジパンヌ200gに対し3g

作り方
1. フランジパンヌを作る。ポマード状にしたバターに粉糖をすべて加え混ぜる。
2. 溶きほぐした全卵を1に数回に分けて加えながら混ぜる。
3. ふるい合わせておいたアーモンドプードルと薄力粉を加え、均一に混ぜる。
4. やわらかくほぐしたクレーム・パティシエールを3に加えて混ぜ、ラム酒で風味を加える。
5. 4のフランジパンヌにパウダー状の紅茶の茶葉を加えて、均一に混ぜ合わせる。

＜ジュレ・フランボワーズ＞（直径3cmの半球形フレキシパン、70個分）

材料
フランボワーズピューレ…500g　グラニュー糖…90g
板ゼラチン…12g　ローズリキュール（ジルベール・ミクロ社）…100g
フランボワーズホール（冷凍）…70個
フレーズ・デ・ボワ（冷凍）…70個

作り方
1. 器にフランボワーズピューレとグラニュー糖を入れ、電子レンジに2分ほどかけて40〜50℃に温める（a）。
2. 水でふやかしたゼラチンを1に加え、ムラなく溶かす。
3. 2に氷水を当てて冷やし、ローズリキュールを加えて混ぜる。
※フランボワーズホールとフレーズ・デ・ボワは組み立ての時に使用。

＜クレーム・フランボワーズ＞（直径3cmの半球形フレキシパン、70個分）

材料
フランボワーズピューレ…180g　無塩バター…210g　全卵…140g
グラニュー糖…130g　板ゼラチン…5.2g

作り方
1. 鍋にフランボワーズピューレとバターを入れて沸騰させる。
2. 全卵とグラニュー糖をすり混ぜ、1を少しずつ加えながら混ぜる。
3. 鍋に2を戻し入れ、混ぜながら弱火にかけて沸騰させ、なめらかになるまで炊く。
4. 火を止めて水でふやかしたゼラチンを加え、バーミキサーでしっかり乳化させ、氷水で冷やす（b）。

ムラング・ローズ
フレーズ・デ・ボワ
フランボワーズ
ジュレ・フランボワーズ
クレーム・フランボワーズ
フランボワーズペパン
フランジパンヌ・オ・テ
パート・シュクレ

ピューレのフレッシュ感を残すために電子レンジで加熱

フランボワーズピューレとグラニュー糖を40〜50℃に温める際、火にかけて温めると、加熱しすぎてフレッシュ感が損なわれる恐れがある。電子レンジを利用すると、加熱オーバーが防げる。

バターの配合が多いクリームはしっかり乳化させる

バーミキサーにかけ、しっかり乳化させる。乳化が足りないと、クリームが冷えた時にバターの粒々感が残り、舌触りが悪くなる。

▶次ページに続く

＜ムラング・ローズ＞ (5個分)

材料
シロップ＜フランボワーズピューレ…12g　水…20g　グラニュー糖…60g＞
メレンゲ＜卵白…50g　グラニュー糖…10g＞
ローズリキュール（ジルベール・ミクロ社）…8g
フルーツコンパウンド ラズベリー…6g

作り方
1. 鍋にフランボワーズピューレ、水、グラニュー糖を入れて弱火にかけ、115℃まで煮詰める。
2. 卵白とグラニュー糖をしっかりと泡立て、1を少しずつ加えながらしっかりと立てる（c）。
3. ボウルにローズリキュールとラズベリーコンパウンドを入れ、粗熱がとれた2を100g加えてゴムべらで混ぜる。

＜フランボワーズペパン＞ (約100個分)

材料
フランボワーズ（冷凍）…400g　グラニュー糖…300g
水あめ…48g　ペクチン…3.6g

作り方
1. グラニュー糖の一部（適量）にペクチンを加えて混ぜる。
2. 鍋にフランボワーズ、グラニュー糖、水あめを入れて火にかけ、60℃になったら1を混ぜながら加え、ブリックス60％まで煮詰める。

＜シロップ＞

材料
シロップ（ブリックス30％）…50g
ローズリキュール（ジルベール・ミクロ社）…50g

作り方
シロップとローズリキュールをムラなく混ぜ合わせる。

＜仕上げ＞

材料
フリーズドライ・フランボワーズ

作り方
1. パート・シュクレを敷いたセルクルにフランジパンヌ・オ・テを1個につき25g絞り入れ、180℃のオーブンで25分焼成する。
2. 直径3cmの半球型フレキシパンにフランボワーズとフレーズ・デ・ボワを1個ずつ入れ、ジュレ・フランボワーズ、クレーム・フランボワーズの順に各10gずつ流し、冷凍庫で固める。
3. 1の粗熱がとれたらシロップを打ち、フランボワーズペパンを塗り、型からはずした2をのせる。
4. サントノーレ口金をセットした絞り袋にムラング・ローズを入れ、3のまわりに花びらのように絞る（d）。バーナーで片面に焼き色をつけ（e）、焼き色をつけていない方にフリーズドライのフランボワーズを飾る。

クレーム・パティシエール★
＜材料（作りやすい分量）＞牛乳…1000g　バニラビーンズ…1本　グラニュー糖…300g
　卵黄…167g　強力粉…75g
＜作り方＞
1. 牛乳とバニラビーンズは沸騰直前まで温める。
2. 卵黄とグラニュー糖をすり混ぜ、ふるった強力粉を加えて混ぜる。
3. 1と2を合わせてしっかり炊き、冷蔵庫で冷やす。

絞りやすいよう、しっかりしたイタリアンメレンゲを作る

フランボワーズのシロップを入れたメレンゲは、泡立て器で持ち上げて角が立つよう、しっかりと泡立てる。立て方が弱いと絞りづらくなり、仕上がりの形にも影響が出る。

メレンゲにローズリキュールとラズベリーコンパウンドを混ぜて、淡いピンク色のムラング・ローズを作る。これを、サントノーレ口金を使ってバラの形に絞り出す。

ムラング・ローズを絞った片面に、バーナーで焼き目をつける。色のコントラストをつけることで、見た目にもメリハリができ、絞りをきれいに見せる効果がある。

苺のミルフェ

菓子工房アントレ

3種類のクリームの絶妙なバランスで
パイのサクサクとした食感と
いちごの甘くさわやかな香りを満喫

一つひとつこだわって選んだ素材で、新感覚のミルフィーユを表現した。ベースのパイ生地は食感よく焼き上げる。モンタージュは複数のクリームをバランスよくほどこし、いちごの酸味との調和をはかる。ポーションでも提供している。

▶次ページに続く

recette (8cm × 36cm 4本分)

<パート・ブリゼ>

材料
強力粉…360g　薄力粉…90g
無塩バター…324g　塩…7g
ワインビネガー…180g　水…135g

作り方
1. ボウルに塩、ワインビネガー、水を入れてよく混ぜ、塩を完全に溶かす。
2. フードプロセッサーに強力粉、薄力粉、バターを入れて撹拌し、途中で1を加えてさらに撹拌してから取り出し、ビニールに包んで冷蔵庫で1晩ねかせる。
3. 2をのばして3つ折りにし、のばすことを3回繰り返す。1晩ねかせ、のばし器にかけて2.66mm厚さにのばす。
4. 3を3時間以上冷蔵庫でやすませてから、200℃のオーブンで25〜30分焼く。

<ジェノワーズ> 30cm×40cm、1枚分

材料
全卵…140g　卵黄…30g
グラニュー糖…100g
粉糖…10g　薄力粉…65g
アーモンドパウダー…10g
牛乳…15g　無塩バター…30g

作り方
1. 全卵、卵黄、グラニュー糖を高速のミキサーで完全に立てる。
2. 粉糖、薄力粉とアーモンドパウダーを合わせて2回ふるいにかける。
3. 鍋に牛乳を入れて加熱し、40℃にあたためて火から下ろし、バターを加えて溶かす。
4. 1に2を加えてよく混ぜ、さらに3を加え混ぜる。
5. 4を天板に1cm厚さに流し、200℃のオーブンで10〜12分焼く。

<クレーム・パティシエール>

材料
牛乳…1000g　メキシコ産バニラビーンズ…5g
卵黄…250g　バニラシュガー…25g
グラニュー糖…90g　薄力粉…55g
小麦でん粉…10g　バター…75g

作り方
1. 鍋に牛乳とバニラビーンズを入れて沸騰させる（a）。
2. ボウルに卵黄をほぐしてバニラシュガーとグラニュー糖を加え、白っぽくなるまで練り混ぜてから、ふるった薄力粉と小麦でん粉を加え混ぜる。
3. 1に2を加え、こしてから加熱して炊き上がりにバターを加える。

<クレーム・シャンティー>

材料
42%生クリーム…800g　グラニュー糖…64g

作り方
生クリームにグラニュー糖を加え、六分立てにする。

<クレーム・レジェ>

材料
クレーム・パティシエール…360g
クレーム・シャンティー…40g

作り方
クレーム・パティシエールとクレーム・シャンティーを合わせる。

厳選した素材で濃厚な
クレーム・パティシエールに

乳脂肪分4.0〜4.5%の生乳と、メキシコ産バニラビーンズを使用。

<いちご風味のクレーム・シャンティー>

材料
42%生クリーム…600g　フリーズドライの苺…32g
いちごのリキュール…60g　グラニュー糖…18g

作り方
1. ボウルにフリーズドライの苺、いちごのリキュール、グラニュー糖を入れ、よく混ぜ合わせる。
2. 1に生クリームを加えて混ぜ、八〜九分立てにする。

<仕上げ>

材料
パイクラム／いちご（とちおとめ）／ナパージュ・ヌートル／セルフィーユ

作り方
1. パート・ブリゼを8cm×36cmに切り、縦に並べておく。両サイドにクレーム・パティシエールを直径13番の丸口金で絞り、中央にクレーム・シャンティーを2列絞って隙間を埋める。
2. 1の中央に大ぶりのいちごを隙間なく並べ（b）、その上にクレーム・シャンティーをたっぷりと絞る。
3. 2に7cm幅に切ったジェノワーズをかぶせて半球状にし、軽く押さえる。
4. 3の上にクレーム・レジェをパレットナイフで塗る。
5. 4の両サイドにパイクラムを1本あたり35g貼りつけ（c）、中央にいちご風味のクレーム・シャンティーを波状に絞る（d）。
6. 36cm長さの1本分にカットし、上に小ぶりのいちごを並べてナパージュ・ヌートルを塗り、セルフィーユを飾って仕上げる。

クリームをパイ生地に絞り層状に積み上げていく

両サイドにクレーム・パティシエールを、中央にクレーム・シャンティーを絞り、苺を並べる。

ジェノワーズ、クレーム・レジェと重ね、パイクラムを貼りつける。

フリーズドライの苺と苺リキュール、グラニュー糖を42%生クリームと合わせ、上面に絞る。

苺のモンブラン

ペリ亭

サブレ生地のタルトケースにムースやクリームを重ねた春のケーキ

サブレ生地にアーモンドクリームと生のいちごを入れて焼いたタルトに、いちごムースやカスタードクリームを次々に重ね、最後にシャンティークリームを雪のようにかぶせたモンブラン。牛乳のジュレに刻んだいちごを入れたクリームは、シェフの狙い通り「いちごミルク」の味わいだ。

recette （作りやすい分量）

＜サブレ生地＞

材料
無塩バター…450g　薄力粉…900g　砂糖…290g　全卵…3.5個　塩…3g

作り方
1. バターをほぐし、砂糖と塩を加えてすり混ぜ、卵を加えて均一に混ぜ合わせる。
2. 薄力粉を加えて軽く混ぜてまとめる。

＜アーモンドクリーム＞

材料
バター…450g　アーモンドパウダー…550g　コーンスターチ…33g
砂糖…350g　全卵…7個　ラム酒…適量

作り方
バターと砂糖をすり混ぜ、粉類と卵、ラム酒を加えてよく混ぜる。

＜カスタードクリーム＞

材料
バニラ…適量　牛乳…1000cc　卵黄…160g　砂糖…160g　薄力粉…40g
コーンスターチ…50g　無塩バター…150g
シャンティークリーム★…200g

作り方
1. 卵黄と砂糖をすり合わせ、薄力粉とコーンスターチを加えて混ぜる。
2. バニラを加えて沸騰させた牛乳を1に加えて炊き上げる。
3. バターを加えたら、冷めしてシャンティークリームと合わせる。

＜牛乳のジュレ＞

牛乳125g、生クリーム25g、砂糖20gを合わせて沸かし、ゼラチン3gを水（分量外）でふやかして加え、混ぜる。

＜いちごのムース＞

材料
牛乳…100g　卵黄…20g　砂糖A…16g　いちごのピューレ…180g
ゼラチン…13g　クレームフェッテ…300g　卵白…120g　砂糖B…60g

作り方
1. 牛乳、卵黄、砂糖Aでアングレーズソースを作る。
2. 水（分量外）でふやかしたゼラチンを加え混ぜ、イチゴのピューレ、クレームフェッテと合わせる。
3. 卵白と砂糖Bでメレンゲを作り、2と合わせる。
4. 型に流し入れ、冷凍する。

＜仕上げ＞

材料
シロップ／いちご／ナパージュ／シャンティークリーム★／セルフィーユ

1. 型にサブレ生地を敷き込み、アーモンドクリームを絞り、スライスしたいちごを散らして210℃で焼く（a）。
2. 焼けたタルトにシロップを塗り、カスタードクリームを絞る（b）。
3. ナパージュにくぐらせたいちごのムース（c）をのせる。
4. 牛乳のジュレに刻んだいちごを加えたクリームをかける。
5. シャンティークリームを絞り（d）、セルフィーユをのせる。

シャンティークリーム★
生クリーム1000ccと砂糖50gを合わせて立てる。

いちごは生のまま タルトに焼き込む

a

サブレ生地を敷き込んだタルト型に、アーモンドクリームといちごを詰める。

b

絞り袋にカスタードクリームを入れ、外周をなぞるように絞る。

ムースは冷凍の状態で 熱いナパージュに浸す

c

熱くしたナパージュに冷凍のムースを浸す。凍った状態でつけるとツヤよく仕上がる。

小高い「山」になるように 十分な分量を重ねる

d

山の形に仕上げることをイメージして、シャンティークリームを2層に絞る。

タルト・オ・フランボワーズ

ケーキハウス ミサワ

小粋でいて可憐なタルトは
フランボワーズの酸味とクリームの甘味が絶妙に融合

クレーム・パティシエールとクレーム・シャンティーを3層に絞り、周囲にはみずみずしいフランボワーズを。厚みを持たせて焼いたパート・サブレは、クリームのボリュームに負けない食感。愛らしい姿の中に濃厚なクリームと甘酸っぱさのハーモニーが楽しめる。

recette（直径6cmのタルト型　20個分）

＜パート・サブレ＞

材料
- 有塩バター（発酵バター）…450g
- 無塩バター（発酵バター）…300g
- グラニュー糖…670g　バニラエッセンス…少量
- バニリン…少量　全卵…625g
- 薄力粉…1575g　ベーキングパウダー…35g

作り方
1. 常温にしたバターとグラニュー糖をミキサーに入れ、中低速で混ぜる。ポマード状になったらバニラエッセンスとバニリンを加える。
2. 1に全卵を4〜5回に分けて加え、分離しないように注意しながら中低速で撹拌し、ボウルに移してふるった薄力粉とベーキングパウダーを加え、よく混ぜる。そのまま冷蔵庫で2〜3時間やすませる。
3. 2の生地をもむようにして練り、さらに30分やすませる。
4. 3の生地をのばし器にかけて3mm厚さにのばし、直径9cmのセルクル型で抜く。直径6cmのタルト型に敷いて、上火180℃、下火160℃のオーブンで20分焼く。

＜クレーム・パティシエール＞

材料
- 牛乳…2000cc　濃縮乳…200cc　無塩バター…215g
- 塩…少量　バニラビーンズ…1本
- 卵黄…250g　グラニュー糖…350g
- コーンスターチ…80g　薄力粉…60g

作り方
1. 銅鍋に牛乳、濃縮乳、バターを入れ、中火にかけて沸騰させ、塩とバニラビーンズを加えて混ぜて火を止め、冷めたら裏ごしをする。
2. ボウルに卵黄、グラニュー糖を入れ、ホイッパーで全体が白っぽくなるまで撹拌する。
3. 2にコーンスターチ、ふるった薄力粉を加えてよく混ぜ合わせる。
4. 1に3を合わせ、再び火にかけて強火で炊き上げる。粗熱を取ってこし、冷蔵庫に入れて3〜4時間やすませる。

＜クレーム・シャンティー＞

材料
- 45%生クリーム…1500cc　フロストシュガー…135g
- バニラエッセンス…少量

作り方
ボウルに生クリーム、フロストシュガー、バニラエッセンスを合わせ、ボウルを氷水に当てながら八分立てにする。

＜仕上げ＞

材料
- フランボワーズ／粉糖／フランボワーズクリーム／セルフィーユ

作り方
1. 焼き上がったパート・サブレにクレーム・パティシエールを丸く絞り、その上に同量のクレーム・シャンティーを丸口金で2層にこんもりと絞る（a）。
2. 1のクリームのまわりにフランボワーズを並べて（b）粉糖をふり、フランボワーズの内側にクレーム・パティシエールをリング状に絞る（c）。
3. 2の中央にクレーム・シャンティーを絞り、フランボワーズを飾る。フランボワーズのピューレにクレーム・シャンティーを混ぜたフランボワーズクリームを少量絞り（d）、セルフィーユを飾る。

厚めに焼いたパート・サブレに2種類のクリームを絞る

a
パート・サブレにクレーム・パティシエールとクレーム・シャンティーをたっぷりと絞る。

b
クリームに沿わせるように、フランボワーズを隙間なく並べる。

c
粉糖をふり、クレーム・パティシエールを丸口金でラウンド状に絞る。

d
フランボワーズのピューレを加えたクレーム・シャンティーをのせて、彩りと味を補強する。

シャンティ・オ・フレーズ

パティスリー ケン ニシオ

素直なおいしさが人気を呼ぶ、店の看板商品

しっとりとしたきめ細かなスポンジ生地の間に、牛乳本来の風味が強く感じられるシャンティーがたっぷり。やさしい口当たりと素材の旨みがわかりやすい形で伝わり、その人気もうなずける。生クリームは特定産地のもの、42％と35％の2種類を使っている。フルーツは季節や来店客の反応で変えている。

recette（24個分）

＜パータ・ジェノワーズ＞（35cm×50cm、1枚分）

材料
- 全卵…420g
- グラニュー糖…210g
- 薄力粉…180g
- 無塩バター…40g
- 牛乳…40g

作り方
1. 全卵とグラニュー糖を混ぜ合わせ、40℃になるまで湯煎で温める。
2. 1を高速のミキサーで撹拌する。泡立ってきたら、中高速に落としてきめを細かくする（a）。
3. 2にふるった薄力粉を加え、混ぜ合わせる。最後にバターと牛乳を溶かしたものを加えて混ぜる。
4. 天板に流し、210℃のオーブンで約12分焼く（b）。

＜クレーム・シャンティー＞

材料
- 42％生クリーム…700cc
- 35％生クリーム…500cc
- グラニュー糖…96g

作り方
- 生クリーム（c）とグラニュー糖を合わせ、八分立てにする。

＜ポンシュ＞

材料
- ボーメ20℃シロップ…200g
- キルシュ…20g

作り方
- 材料を混ぜ合わせる。

＜仕上げ＞

材料
- イチゴ（サンド用）…30粒（Lサイズ）
- イチゴ（飾り用）…24粒（Sサイズ）
- フランボワーズジャム

作り方
1. 焼き上がったパータ・ジェノワーズを半分に切り、半分を底としてポンシュをかける。クレーム・シャンティーを塗り、スライスしたイチゴを並べる。
2. 1に残り半分のパータ・ジェノワーズを、焼き色を下にしてかぶせ、軽く押さえる。
3. 残りのポンシュをかけ、表面にもクレーム・シャンティーを塗り、波刃で模様をつける。
4. 5cm×6cmに切り分ける。イチゴを飾り、四隅にフランボワーズジャムを絞る。

生地は速度を変えてミキシングし、きめ細かくする

ミキサーを高速で回した後、速度を中高速に落として撹拌すると、粗かった気泡がきめ細かくなる。

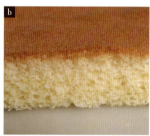

焼き上がった状態。ふわっとした食感、軽い後味が得られる。

シャンティーは2種類の生クリームを使う

生クリームは、福岡県大牟田市・オーム乳業のものを使用。ミルキーな風味がある。

いちごショート

御影髙杉

どこから食べてもいちご、生クリーム、スポンジの
ハーモニーが楽しめる、名物ショートケーキ

「どこから食べてもいちご、生クリーム、スポンジがいっしょに味わえるケーキに」と
正方形型を考案したのは30年以上前のこと。以来、このスタイルを守り続けている。
いちごは飾り用とサンド用で使い分けるなど、ひとつひとつにこだわりが感じられる。

recette（48個分）

＜ビスキュイ・ジェノワーズ＞ 60cm×40cm、3枚分

材料
- 全卵…735g
- グラニュー糖…655g
- 薄力粉…540g
- 無塩バター…144g

作り方
1. 全卵とグラニュー糖を混ぜ合わせ、34℃の湯煎にかけて加熱する。
2. 1を中高速のミキサーでよく撹拌する。2回ふるった薄力粉を加え、混ぜ合わせる。最後に50℃にあたためたバターを加えて混ぜる。
3. 天板に流し、180℃のオーブンで約20分焼く。

＜ソース・フレーズ＞

材料
- いちごのピューレ…1000g
- グラニュー糖…250g
- ペクチン…12g
- レモン果汁…50g
- いちごのリキュール…120g

作り方
1. 1/3量のいちごのピューレを加熱し、グラニュー糖、ペクチンを加えて合わせ、レモン果汁を入れる。
2. 火からおろして冷まし、残りのピューレとリキュールを合わせる（a）。

＜クレーム・シャンティー＞

材料
- 42％生クリーム…1000cc
- グラニュー糖…80g
- バニラビーンズ…2g

作り方
生クリームにグラニュー糖とバニラビーンズを加え、氷水に当てながら七～八分立てにする。

＜仕上げ＞

材料
- いちご（サンド用）…60粒（Lサイズ）
- いちご（飾り用）…80粒（Mサイズ）　(b)
- ピスタチオ…適量

作り方
1. ビスキュイ・ジェノワーズに、いちごのソース（c）、クレーム・シャンティーの順に塗る。スライスしたいちごを隙間なく並べ（d）、クレームシャンティーを薄く塗り、ビスキュイ・ジェノワーズを重ねる。これをもう1回繰り返す。
2. 表面にクレーム・シャンティーを塗り、1辺6cmの正方形に切り分ける。いちごのスライス、くだいたピスタチオを飾る。

シロップの代わりに いちごのソースを

いちごのピューレで作る。いちごのリキュールの甘い香りとレモン果汁の酸味をプラス。

いちごは味や果肉の状態を 見きわめて使い分ける

飾り用には甘みが強くみずみずしいものを（左）、サンド用には酸味が強いものを（右）。

ソフトに焼き上げたビスキュイ・ジェノワーズにいちごのソースを塗る。

サンド用のいちごは果肉がかたくしっかりしていることも大切な条件。

ミリー・ラ・フォレ

カフェタナカ

花びらに包まれたかのようなタルトに
ミルキークリームといちごを重ね
女性らしい華やかさを演出

美しく波打つようにパータ・フィロを敷き、その上に軽くさわやかな味わいのアパレイユを流して焼き上げる。たっぷりのクレーム・クロテッドを絞り、いちごとメレンゲを飾る。みずみずしいグリオッティーヌとジュレ・オ・フレーズをところどころにしのばせることで、ケーキ全体がフルーティーないちごの香りに包まれている。

recette（直径6cmのタルト型　10個分）

＜パータ・フィロ＞
材料
- パータ・フィロ（12cm×10cm）…3と1/3枚
- 溶かし無塩バター…適量

作り方
パータ・フィロは1枚4cm×5cmの6等分にし、溶かしバターを薄く塗り、型1個に2枚ずつ敷く。

＜クレーム・ダマンド＞
材料
- 無塩バター…150g
- 粉糖…150g
- 全卵…3個
- アーモンドパウダー…150g
- キルシュ…12g

作り方
1. バターをポマード状にし、ふるった粉糖を加え混ぜる。
2. 1に全卵を少しずつ加え混ぜ、ふるったアーモンドパウダーを加え、全体がなじんだところでキルシュを風味づけに加え、混ぜ合わせる。

＜アパレイユ＞
材料
- グラニュー糖…375g
- 全卵…750g
- キルシュ・ダマンド…400g
- フロマージュブラン…400g

作り方
1. 全卵とグラニュー糖をよくすり合わせる。
2. キルシュ・ダマンドに1を加え混ぜ、フロマージュブランを加える。

＜クレーム・クロテッド＞
材料
- クレーム・パティシエール…105g
- クロテッドクリーム…105g
- 35％生クリーム…140g
- フレーズ・オードヴィー…5g

作り方
クレーム・パティシエールにクロテッドクリーム、八分立てにした生クリーム、フレーズ・オードヴィーを順に合わせる。

＜仕上げ＞
材料
- グリオッティーヌ／ジュレ・オ・フレーズ★／いちご／メレンゲ★／グロゼイユ／粉糖

作り方
1. 型に敷いたパータ・フィロの上にクレーム・ダマンドを絞り（a）、グリオッティーヌをのせる。アパレイユを流し（b）、170℃のコンベクションオーブンで35分焼く（c）。
2. 1にジュレ・オ・フレーズをのせ、クレーム・クロテッドを高く絞り（d）、いちご、メレンゲ、グロゼイユをのせ、粉糖をかけて仕上げる。

パータ・フィロを敷いたタルトをしっかりと焼き上げる

型にパータ・フィロを美しく敷き、クレーム・ダマンドを絞る。

グリオッティーヌをのせ、キルシュ・ダマンド、フロマージュブランを使用したアパレイユを流す。

170℃のコンベクションオーブンで35分、パータ・フィロがパリパリになるように焼き上げる。

再びジュレ・オ・フレーズをのせ、その上にクレーム・クロテッドをたっぷり絞る。

▶次ページに続く

ジュレ・オ・フレーズ★
<材料>マラ・デ・ボワピューレ…552g　レモン汁…58g　グラニュー糖…78g　ペクチン…5g
<作り方>
マラ・デ・ボワピューレとレモン汁を鍋に入れて火にかけ、50〜60℃になったらグラニュー糖とペクチンを混ぜ合わせたものを加え、103℃までしっかりと炊き上げる。粗熱が取れたら、フレキシパンに流して冷凍しておく。

メレンゲ★
<材料（天板4枚分）>卵白…550g　グラニュー糖…550g　純粉糖…550g
ヘーゼルナッツ（刻んだもの）…適量　純粉糖…適量
<作り方>
1. 卵白とグラニュー糖を合わせ、中速のミキサーで撹拌する。途中で粉糖を加え混ぜ、かたいメレンゲを作る。
2. 天板に1を絞り袋で棒状に絞り出し、刻んだヘーゼルナッツをふりかけ、90℃のオーブンで4時間焼く。仕上げに粉糖をふる。

キールロワイヤル

パティスリー エキュバランス

カクテル「キールロワイヤル」のイメージで
カシスをダイレクトに楽しむ

アートのようなデザインが最初に目に飛び込み、口にするとカシスそのものの爽やかな酸味、ほのかなシャンパンの香りが心地よく広がる。

▶次ページに続く

recette （48個分）

<ビスキュイ・ジョコンド> （60cm×40cmのフランス天板1枚分）

材料

全卵…220g　アーモンドプードル…150g
粉糖…100g　薄力粉…20g　強力粉…20g
A＜卵白…130g　グラニュー糖…50g＞
B＜発酵バター…45g　サワークリーム…26g　太白胡麻油…10g
　バニラ原液…1滴＞

作り方

1. 粉類は合わせてふるう。
2. 全卵に1を加え混ぜる。
3. Aでしっかりしたメレンゲを作り、2に数回に分けて加え混ぜる。
4. Bを合わせて熱し、3に入れて合わせる。

<カシス・コンポート>

材料

冷凍カシスホール…200粒　水…100g
グラニュー糖…50g　レモン汁…12g

作り方

1. 水とグラニュー糖を沸かし、カシスを加える。
2. 再沸騰したら弱火にし、1分弱炊き、火を止めてからレモン汁を加える。
3. 漉して実とジュースに分ける。※ジュースはアンビバージュに使う。

<アンビバージュ>

材料

コンポートシロップ…50g　シャンパン…50g
クレーム・ド・カシス…50g

作り方

コンポートシロップ（カシス・コンポートを煮て漉したジュース）とクレーム・ド・カシスを混ぜ、シャンパンを合わせる（a・b）。

<ムース・シャンパーニュ>

材料

A＜シャンパン…200g　レモン汁…50g　卵黄…105g
　グラニュー糖…175g　板ゼラチン…15g＞
シャンパン…100g　35%生クリーム…460g

作り方

1. Aでアングレーズを作る。
2. 1にシャンパン（100g）を加える。
3. 生クリームを八分立てにし、2に加える。

<ムース・カシス>

材料

A＜カシスピューレ…880g　卵黄…365g　グラニュー糖…40g
　スキムミルク…45g　バニラビーンズ…1本　板ゼラチン…21g＞
クレーム・ド・カシス…210g
35%生クリーム…670g
B＜卵白…108g　グラニュー糖…175g　水…62g＞

作り方

1. Aでアングレーズを作る。
2. 1にクレーム・ド・カシス、生クリームを順に加え混ぜる。
3. Bでイタリアンメレンゲを作り、2に数回に分けて加え混ぜる。

カシスを煮てコンポートとアンビバージュを作る

カシスをグラニュー糖と水で煮る。火を止めてレモン汁を加え、漉して実とジュースに分ける。

実はコンポートとして使う。ジュースにシャンパン、クレーム・ド・カシスを加えてアンビバージュを作る。

<ナパージュ>

材料
ナップ・ヌートル…300g
水…100g

作り方
ナップ・ヌートルと水を合わせ、10分ほど煮詰める。

<飾りショコラ>

材料
赤色カカオバター…適量
ホワイトチョコレート…適量

作り方
1. OPPシートに色を付けたカカオバターで模様を付ける。
2. 湯煎で溶かしたホワイトチョコレートをテンパリングし、1に薄くのばしてスジを入れ、トユ型にはめ込み、冷やし固める。

<仕上げ>
1. 直径7cmの型にカシス・コンポートを入れ、その上に型の七分目の高さまでムース・シャンパーニュを入れて冷やし固める（c）。
2. 別の型にムース・シャンパーニュを模様になるようにランダムに流し、冷やし固める。
3. 2が固まったらムース・カシスを流し入れ、中心に型から取り出した1を入れ、冷やし固める。
4. 3にムース・カシスを流し入れ、アンビバージュを打ったビスキュイ・ジョコンドで蓋をして冷やし固める。
5. 型から出してナパージュにくぐらせ、飾りショコラとカシス・コンポートをのせる。

模様付けのムースは型に流して冷凍しておく

ムース・シャンパーニュを型に流し、冷凍する。この上にムース・カシスを入れると、逆さにしたときに白い模様が浮かび上がる。

- 飾りショコラ
- カシス・コンポート
- ムース・シャンパーニュ
- ムース・カシス
- ビスキュイ・ジョコンド

Chapter I * 39

いちごのクレープ

ケーキハウス ミサワ

きめ細かいクレープ生地に2種類のクリームとフルーツを包む

赤ちゃんの肌のように、しっとりとなめらかなクレープでフレッシュなフルーツを包む。人気が高く、1日に400～500個を販売。写真のほか、カカオクリームのチョコレートクレープや、抹茶のプディングを入れた抹茶クレープ、フランボワーズのソースをしのばせたもの、およびキャラメルクレープも創作。

recette（50個分）

＜クレープ＞

材料

牛乳…500g　無塩バター…40g　薄力粉…150g　グラニュー糖…65g
塩…少量　全卵…360g　バニラエッセンス…少量

作り方

1. 牛乳は人肌程度にあたためておく。バターは湯煎で溶かしておく。
2. ボウルにふるっておいた薄力粉、グラニュー糖、塩を合わせ、ホイッパーで混ぜ合わせる。
3. 2に牛乳の1/3量を加えてよく混ぜ、卵を4～5回に分けて加え、よく撹拌する。
4. 3に残りの牛乳と溶かしバターを加え、バニラエッセンスを入れて混ぜ合わせ（a）、冷蔵庫で30～50分やすませる。

＜クレーム・シャンティー＞

材料

45％生クリーム…1500cc　フロストシュガー…135g
バニラエッセンス…少量

作り方

生クリーム、フロストシュガー、バニラエッセンスをボウルに入れ、ボウルを氷水に当てながら八～九分立てにする。

＜仕上げ＞

材料

無塩バター／クレーム・パティシエール★／いちご

作り方

1. 直径18cmのフッ素樹脂加工のフライパンを強火で熱し、バターを薄く塗り、クレープ生地を1枚につきお玉一杯（25cc）流し入れる（b）。フライパンを動かしながら手早く全体に広げる。
2. 10秒ほど焼いて、表面が乾いた感じになったら、竹串を使ってすばやく返し、4～5秒焼いて取り出す（c）。
3. 2の粗熱をとり、最初に焼いた面を下にして広げ、中央にクレーム・パティシエールを絞り、いちごを1つのせてクレーム・シャンティーを絞る（d）。
4. 3の生地を手前から折り、左右からも折りたたみ、くるりと巻いて仕上げる。

クレーム・パティシエール★

＜材料＞牛乳…2000cc　濃縮乳…200cc　無塩バター…215g　塩…少量　バニラビーンズ…1本
卵黄…250g　グラニュー糖…350g　コーンスターチ…80g　薄力粉…60g

＜作り方＞

1. 銅鍋に牛乳、濃縮乳、バターを入れ、中火にかけて沸騰させ、塩とバニラビーンズを加えて混ぜて火を止め、冷めたら裏ごしをする。
2. ボウルに卵黄、グラニュー糖を入れ、ホイッパーで全体が白っぽくなるまで撹拌する。
3. 2にコーンスターチ、ふるった薄力粉を加えてよく混ぜ合わせる。
4. 1に3を合わせ、再び火にかけて強火で炊き上げる。粗熱を取ってこし、冷蔵庫に入れて3～4時間やすませる。

クレープは全部で8種類。クレーム・シャンティーとクレーム・パティシエールの2種類のクリームをサンドするのはいちごに加え、バナナクレープ、マロンクレープ、ブルーベリークレープの3種

クレープ生地をふんわりと焼き上げる

a　牛乳に卵、薄力粉、溶かしバター、グラニュー糖を合わせた生地は裏漉しをかけ、なめらかに。

b　お玉1杯で量を決め、バターを塗ったフッ素樹脂加工のフライパン（直径18cm）で、手早く焼く。

c　表面が固まってきたら竹串ですばやく返し、裏面を一瞬焼いて取り出す。

d　中央にクレーム・パティシエールを絞っていちごをのせ、クレーム・シャンティーを絞る。

ロワイヤル・アロマ

メゾン・スヴニール

ベリー類のフルーティーな香り漂うムースの中に
ココナッツやパイナップルの南国の香りを閉じ込めて

4種類のフルーツをミックスさせ、香りや酸味のバランスを調和させたムース。中にはココナッツとパイナップルの風味が広がるクリームを包み込んでいる。側面には美しい色に焼き上げたパータ・デコールを巻きつけ、やさしい風合いに仕上げる。

recette （6号、直径18cm×高さ4.5cmのセルクル型　4台分）

<パータ・デコール>

材料
無塩バター…200g　粉糖…200g　卵白…210g
薄力粉…200g　食用色素（赤）…少量

作り方
1. バターをポマード状にし、粉糖、卵白、薄力粉を順に合わせ、食用色素を加える。
2. 天板にシルパットを敷き、1の少量をのせてパレットでのばし、指で好みの模様を描く（a）。
3. 2を冷凍庫で冷やし固める。

<ビスキュイ・アルハンブラ> 60cm×40cm、1枚分

材料
全卵…167g　タンプータン…250g　薄力粉…33g
メレンゲ<卵白…100g　グラニュー糖…20g>
溶かし無塩バター…25g

作り方
1. 全卵を泡立て、いっしょにふるったタンプータンと薄力粉を加える。
2. 卵白とグラニュー糖で七分立てのメレンゲを作り、1に加え、さらに溶かしバターを合わせる。

<ダクワーズ・ココ>

材料
メレンゲ<卵白…140g　グラニュー糖…47g>
アーモンドパウダー…24g　粉糖…118g
ココナッツパウダー…94g

作り方
1. 卵白とグラニュー糖で八分立てのメレンゲを作る。
2. アーモンドパウダー、粉糖、ココナッツパウダーをいっしょにふるい、1に合わせる。
3. 2を直径16cmの丸型に絞り、180℃のコンベクションオーブンで12〜14分焼く。

<プラリネ・ロイヤルティーヌ>

材料
アーモンドのプラリネ…150g
カカオ分55%チョコレート…30g
ロイヤルティーヌ…60g

作り方
1. 溶かしたチョコレート、アーモンドのプラリネ、ロイヤルティーヌを合わせ、直径15cmの丸型にのばし（1枚60g）、冷凍庫で冷やし固める。

<ムース・ハーブ・ルージュ>

材料
フレーズハーブのピューレ…250g　フランボワーズのピューレ…150g
グロゼイユ…100g　カシス…100g　板ゼラチン…22g
35%生クリーム…450g　イタリアンメレンゲ★…300g
フランボワーズのリキュール…50g

作り方
1. 鍋にフレーズハーブのピューレ、フランボワーズのピューレ、グロゼイユ、カシスを入れ（b）、40℃まで加熱する。溶かした板ゼラチンを加え、28℃まで冷やす。
2. 1に八分立てにした生クリームを合わせ、さらにイタリアンメレンゲを加えて（c）、合わせる。最後にフランボワーズのリキュールを加え、軽く合わせる。

パータ・デコールは天板ごと冷やしておく

パータ・デコールを天板に薄くのばし、好みの模様を描き、天板ごと冷やしておく。焼く直前にビスキュイ・アルハンブラを流す。

ムース・ハーブ・ルージュは4種の風味をブレンド

フレーズハーブのピューレに、酸味の強いフランボワーズのピューレ、グロゼイユ、カシスをブレンドして味のバランスを整える。

このくらいしっかり立てたイタリアンメレンゲを合わせる。

▶次ページに続く

<クレーム・ココ>

材料

ココナッツのピューレ…200g　コンデンスミルク…30g
板ゼラチン…4g　35%生クリーム…100g　ココナッツのリキュール…50g

作り方

1. ココナッツのピューレ、コンデンスミルクを40℃まで温め、溶かした板ゼラチンを加え、冷やす。
2. 1の粗熱が取れたら、八分立てにした生クリームを合わせ、ココナッツのリキュールを加える。

<パイナップルのソテー>

材料

パイナップル（缶詰）…300g　無塩バター…15g
グラニュー糖…30g　ラム酒…少量

作り方

鍋にバターとグラニュー糖を溶かし、パイナップルをソテーし、ラム酒を加えてフランベする。

<ピストレ・ショコラ・ブラン>

1. ホワイトチョコレート700gとカカオバター300gをそれぞれ溶かし、合わせる。
2. 1が40℃になったら、漉しながらピストレに入れる。

<仕上げ>

材料

クレーム・シャンティー／いちご／カシス／フランボワーズ／ミント／ナパージュ・ヌートル

作り方

1. 冷やし固めておいたパータ・デコールの上にビスキュイ・アルハンブラを流し、210℃のコンベクションオーブンで13分焼く（d）。
2. 直径13cmの丸型のフレキシパンにクレーム・ココを流し、パイナップルのソテーを加え、急速冷凍する。
3. セルクル型の側面に1を巻き、底面にダクワーズ・ココを敷き、ムース・ハーブ・ルージュを少量絞り、プラリネ・ロイヤルティーヌをのせる（e）。
4. 3の上にムース・ハーブ・ルージュを少量絞り、2をのせ（f）、型いっぱいまでムース・ハーブ・ルージュを流し、表面をならして急速冷凍する。
5. 4の上面にクレーム・シャンティーを薄くのばし（g）、いちごを飾る部分以外のところにピストレ・ショコラ・ブランを吹きつけ、冷やし固める。
6. 型からはずし、フルーツ、ミント、ナパージュ・ヌートルで飾りつけをする。

イタリアンメレンゲ★

<材料>卵白…150g　グラニュー糖…300g　水…100g
<作り方>
鍋に水とグラニュー糖を合わせて火にかけ、117℃まで煮詰めてシロップを作り、八分立てにした卵白に加え、粗熱がとれるまで攪拌する。

生地の焼き上がり状態。天板を冷やしておくことで温度差が生まれ、パータ・デコール側に焼き色がつきにくい。

2種類の生地を型に収めムースを流し、組み立てていく

側面にはパータ・デコール、底面にはダクワーズを敷き、ムース・ハーブ・ルージュを少し絞り、プラリネ・ロイヤルティーヌをのせる。

ムース・ハーブ・ルージュを少し絞り、冷やし固めたクレーム・ココをのせ、ムース・ハーブ・ルージュを型いっぱいに流し、冷凍する。

フルーツを飾らない部分にピストレ・ショコラを

表面に生クリームを薄くのばし、ピストレ・ショコラ・ブランを吹きつける。

サントノーレ ノワゼット オランジュ

パティスリー ユウ ササゲ

ヘーゼルナッツとオレンジを組み合わせた秋の一品。
ホワイトチョコレートでコクのある味わいをプラス

旬の食材などを使ったサントノーレのバリエーションは、8～10種類。これらを1～1カ月半替わりで提供し、様々な味を楽しませている。写真は相性のよいヘーゼルナッツのクリームとオレンジのジュレを重ねて中心に入れ、オレンジのクリームを絞った秋の一品。オレンジのクリームは、ホワイトチョコレートを加えてコクをプラスするとともに、一晩ねかせることで保形性を向上させている。

▶次ページに続く

recette （作りやすい分量）

＜パート・フォンセ＞ （直径6cm セルクル、400枚分）

材料
- 無塩バター…675g　薄力粉…900g
- 粉糖…75g　水…180g
- 卵黄…30g　グラニュー糖…18g　塩…22g

作り方
1. バター、ふるった薄力粉、粉糖をボウルに入れ、カードを使って粉の中でバターを刻み、粉に均等に合わせる。
2. 水、卵黄、グラニュー糖、塩を混ぜ合わせて1に加え、カードで合わせてひとまとめにし、冷蔵庫で一晩ねかせる。
3. 2を1.5mm厚にのばし、ピケして冷蔵庫で30〜60分ねかせる。
4. 直径6cmのセルクルで抜いて天板に並べ、常温で30〜60分ねかせる。

＜パータ・シュー＞ （でき上がり2400g）

材料
- 牛乳…375g　水…375g　塩…14g　グラニュー糖…22g
- 無塩バター…450g　薄力粉…450g　全卵…14個

作り方
1. 鍋に牛乳、水、塩、グラニュー糖、バターを合わせ、沸騰させる。
2. 1にふるった薄力粉を加え、手早く混ぜる。
3. 2を再び加熱して余分な水分を飛ばす。
4. 3をミキサーボウルに移し、ビーターでミキシングしながらほぐした卵を数回に分けて加える。

＜クレーム・ノワゼット＞

材料
- ノワゼットペースト＜ノワゼット（ホール）…90g
  - グラニュー糖…50g　水…適量＞…110g 使用
- アングレーズソース＜卵黄…54g　グラニュー糖…50g
  - 35％生クリーム…270g　板ゼラチン…3g＞
- マール酒…24g

作り方
1. グラニュー糖と水を110℃まで煮詰めてヘーゼルナッツを入れ、混ぜながらキャラメル状になるまで火にかける。
2. 1が冷めたらロボクープにかけて、ヘーゼルナッツのペーストを作る。
3. 卵黄とグラニュー糖をすり混ぜ、沸騰直前まで温めた生クリームを混ぜながら加える。
4. 3を鍋に戻して混ぜながら加熱し、アングレーズソースを炊く。
5. 4を火からおろし、水でふやかしたゼラチンを加えて溶かし、裏漉して氷水で冷やす。
6. 5が冷めたら、2のノワゼットペースト110gとマール酒を加えて混ぜる。

＜ジュレ・ドランジュ＞ （でき上がり814g）

材料
- オレンジジュース…625g
- パッションフルーツピューレ…112g
- グラニュー糖…15g　板ゼラチン…62g

1. 器にオレンジジュース、パッションフルーツピューレ、グラニュー糖を入れ、電子レンジに5〜10分かけて温める。
2. 1に水でふやかしたゼラチンを加え、混ぜながら溶かす。

＜シャンティイ・ドランジュ＞（でき上がり310g）
　29％ ホワイトチョコレート…50g　42％ 生クリーム…200g
　グラニュー糖…20g　オレンジピューレ…40g
　オレンジリキュール（ソミュールトリプルセック）…4g

作り方
1. ホワイトチョコレートとグラニュー糖、オレンジピューレを合わせた中に、沸騰させた生クリームを加え、バーミキサーで乳化させる（a）。
2. 1を冷蔵庫で一晩冷やし、リキュールを加えて絞りやすいかたさまで泡立てる（b・c）。

＜フォンダン＞

材料
　シロップ（ブリックス30％）…適量
　食用粉末色素（赤、黄）…適量

作り方
　シロップに赤と黄の色粉を混ぜる。

＜仕上げ＞

材料
　プチ・シュー★、フレッシュオレンジの果肉、オレンジの皮

作り方
1. 直径8mmの丸口金をセットした絞り袋にパータ・シューを入れ、パート・フォンセの上にドーナッツ状に絞り、170℃のオーブンで25分焼成する。
2. 直径4cmのフレキシパンにクレーム・ノワゼットを12gずつ流して冷凍庫で冷やし固め、その上からジュレ・ドランジュを12g流して冷凍庫で冷やし固める。
3. 星口金をセットした絞り袋にシャンティイ・ドランジュを入れ、1の中央に絞り、2をのせる。
4. プチ・シューを3箇所にのせ、その間にシャンティイ・ドランジュを絞り、フレッシュオレンジの果肉と皮を飾る。

プチ・シュー★
1. パータ・シューを直径2cmに絞り、170℃のオーブンで25分焼成する。
2. 上からフォンダンをかけ、中にシャンティイ・ドランジュを絞る。

一晩ねかせることで絞りやすく保形性のよいシャンティイに

a　ホワイトチョコレートなどに、沸騰させた生クリームを加え、バーミキサーで乳化させる。乳化によって安定感が増し、仕上がりにも差が出る。

b　乳化させたクリームを冷蔵庫で一晩ねかせる。絞る直前にボウルに移し、オレンジのリキュールを加え、扱いやすいかたさまで泡立てる。

c　一晩冷やすことで、絞る時ダレにくく、保形性のよいクリームになる。様々なピューレやペーストの添加により、クリームのバリエーションも広がる。

オレンジの皮
フレッシュオレンジの果肉
シャンティイ・ドランジュ
パータ・シュー
ジュレ・ドランジュ
クレーム・ノワゼット
パータ・シュー
シャンティイ・ドランジュ
パート・フォンセ

Sophie(ソフィ)

パティスリー パクタージュ

グレープフルーツの酸味と苦味で、パン・ド・ジェンヌを軽やかに楽しませる

パン・ド・ジェンヌを軽やかに食べてもらいたいという思いで、グレープフルーツとの組み合わせを考案。グレープフルーツは苦味をコンポート、酸味をクリームで表現し、クリームは卵黄で炊いて深みを出している。間に挟むシャンティ・ショコラ・バニーユは2つをつなぐ役割だ。層のバランスがおいしさの鍵で、開発時は定規で厚みを測り、1mm単位で試行錯誤。全てが口で同時に消えるような構成にも気を遣った。

recette（60cm×40cm カードル1台分）

< ビスキュイ・アマンド >

材料
アーモンドプードル…80g　粉糖…80g　卵白…47g　卵黄…72g
メレンゲ＜卵白…166g　グラニュー糖…100g＞　薄力粉（「バイオレット」）…80g

作り方
1. アーモンドプードルと粉糖をふるい合わせてミキサーボウルに入れ、卵白47gと卵黄を加えて、低速のビーターで白っぽくなるまで混ぜる。
2. 卵白166gとグラニュー糖を高速のホイッパーで泡立て、八分立てのしっかりとしたメレンゲを作る。
3. 2のメレンゲ1/3量を1に加えてゴムべらでさっくり混ぜ、ふるった薄力粉、残りの2を順に加えて、それぞれさっくり混ぜる。
4. 60cm×40cmのカードルをのせた天板に流し、180℃のオーブンで約10分焼く。粗熱がとれたら、これを底生地にする。

< コンポート・ド・パンプルムース >

材料
グレープフルーツゼスト…1個分　グレープフルーツピューレ…300g
ペクチン…1g　グラニュー糖…23g（うち3gはペクチンと合わせる）

作り方
1. グレープフルーツの皮はせん切りにし、5回ほど茹でこぼす。
2. グレープフルーツピューレと1を合わせて火にかけ、40℃になったら、すり混ぜておいたペクチンとグラニュー糖3gを加え、沸いたら残りのグラニュー糖20gを加える。再び沸かし、とろみが出たのを確認してから火を止め、そのまま冷ます。

< プラリネ・アマンド >

材料
70％チョコレート（ヴァローナ社「グアナラ」）…200g
プラリネ・アマンド…500g

作り方
チョコレートを32～33℃に溶かし、プラリネ・アマンドを混ぜ合わせる。

< パン・ド・ジェンヌ >

材料
パート・ダマンド・クリュ★…1000g　全卵…800g　塩…8g
バニラペースト…11g　薄力粉（「バイオレット」）…400g　無塩バター…700g
アマレット…80g

作り方
1. パート・ダマンド・クリュを全卵でなめらかに溶きのばし、塩、バニラペーストを加えて、少し白っぽくなるまで泡立て器で攪拌する。
2. 1にふるった薄力粉を少しずつ加えながら、ゴムべらで混ぜ合わせる。粉気がなくなったら溶かしたバターを一気に加えて切るように混ぜ合わせ、最後にアマレットを加える。
3. 60cm×40cmのカードルをおいた天板に流し、180℃のオーブンで約40分焼成する。

< シャンティイ・ショコラ・バニーユ >

材料
35％生クリーム…1500g　バニラビーンズ（タヒチ産）…1本
35％ホワイトチョコレート（ヴァローナ社「イボワール」）…500g
ソミュールトリプルセック…40g

作り方
1. 生クリームにさやからこそげ出したバニラビーンズとさやを入れて沸かす（a）。

バニラはタヒチ産で華やかさを強調

生クリームにバニラを加えて沸騰させる。ほかの菓子にはブルボン産のバニラを使うが、グレープフルーツとの相性を踏まえ、フローラルで華やかな香りが特徴のタヒチ産を選んだ。

▶次ページに続く

2. 円筒形の容器にホワイトチョコレートを入れ、1の生クリームを3回ぐらいに分けて少しずつ加える。その都度バーミキサーで空気が入らないように混ぜ、きちんと乳化させる（b）。また、表面に浮かぶ気泡を中に抱き込むようにバーミキサーをかけ、空気をしっかりと抜く（c）。
3. 2の粗熱がとれたところで（40℃ぐらい）ソミュールトリプルセックを加えて混ぜる。
4. 乾燥させないように表面にぴったりとラップを張り、冷蔵庫で一晩やすませる。

きちんと乳化させて風味や口どけを良好に仕上げる

ヴァローナ社「イボワール」に生クリームを少量加え、バーミキサーで空気が入らないように乳化させる。表面の気泡をバーミキサーで取り込むようにして空気を抜くと、仕上がりがよりなめらかになる。

つややかになるまで混ぜ、きちんと乳化させる。乳化させることで風味や口溶けが良好になる。

＜クレーム・ド・パンプルムース＞

材料
グレープフルーツピューレ…1000g　卵黄…260g　グラニュー糖…80g
板ゼラチン…30g　ソミュールトリプルセック…190g
35%生クリーム…800g　イタリアンメレンゲ★…415g

作り方
1. グレープフルーツピューレを沸かす。
2. 卵黄とグラニュー糖を泡立て器ですり混ぜ、1のグレープフルーツピューレを加えて混ぜる。これを鍋に移してへらで混ぜながら加熱する。
3. 83～85℃になったら火を止め、水でふやかしたゼラチンを加えて溶かし、裏漉しする。ボウルの底を氷水に当てて冷ます。
4. 冷めたらソミュールトリプルセックを加える。
5. 七分立てにしたクレーム・フエテ、イタリアンメレンゲを加え、気泡を消さないように泡立て器でなじませる。

＜グラサージュ・ショコラ・ブラン＞

材料
牛乳…500g　水あめ…100g　板ゼラチン…10g
35%ホワイトチョコレート…250g
パータ・グラッセ・ブラン（カカオバリー社「パータグラッセ・イヴォワール」）…320g

作り方
1. 牛乳と水あめを沸かし、沸いたら火を止め、水でふやかしたゼラチンを加えて溶かす。
2. ホワイトチョコレートとパータ・グラッセ・ブランを合わせたところに1を注ぎ、バーミキサーで乳化させる。
3. 2の表面にぴっちりとラップを張り、一晩冷蔵庫でねかせる。

＜仕上げ＞

1. カードルをはめたビスキュイ・アマンドを底生地にし、コンポート・ド・パンプルムースを薄く塗る。プラリネ・アマンドを流して平らにのばし、パン・ド・ジェンヌを重ねる。
2. 一晩ねかせたシャンティイ・ショコラ・バニーユを七分立てにし、1に流して平らにならし、冷凍庫で冷やし固める。
3. 2にクレーム・ド・パンプルムースを流して平らにならし、冷凍庫で冷やし固める。
4. 3のカードルをはずして、溶かしたグラサージュ・ショコラ・ブランを流して均一にコーティングし、2.5cm×10.5cmにカットする。

> **パート・ダマンド・クリュ★**
> アーモンドプードル350g、グラニュー糖500g、無塩バター20g、卵白140gをミキサーボウルに合わせ、低速のビーターで全体が均一にまとまるまで混ぜる。

> **イタリアンメレンゲ★**
> 1. 鍋に水180gとグラニュー糖300gを合わせ、118℃まで加熱する。
> 2. 卵白150gはきめ細かく泡立つまでミキサーで立てる。
> 3. 2の卵白をミキサーにかけたまま、1のシロップを少しずつ加え、混ぜ合わせる。

タルト ノルマンドゥ シブースト

ブーランジュリー パティスリー カルヴァ

りんごの食感と香りを豊かに組み立てる

シェフが修業をしたフランス・ノルマンディーの店で教えてもらったお菓子で思い入れが強い一品。りんごの産地のお菓子なので、りんごの食感を残したポワレや、りんごをペースト状になるくらい焼いたコンポートと組み合わせて、りんごの風味をより豊かに表現した。表面はベルジョワーズでキャラメリゼし、苦味のない仕上げに。

▶次ページに続く

recette （作りやすい分量）

＜パータ・ブリゼ＞（直径6cm×高さ2cmのセルクル60個分）

材料
- 無塩バター…1500g
- 薄力粉…660g　強力粉…690g
- 塩…40g　グラニュー糖…29g
- 冷水…330g

作り方
1. バター、ふるった薄力粉と強力粉、塩、グラニュー糖を低速のミキサーで合わせる。
2. バターが粉全体になじんだら、冷水を加えて、低速のミキサーで合わせる。
3. 全体がよく混ざったらボウルから出して丸めて、バットに移して一晩冷蔵する。
4. 翌日、シーターで厚さ1.5mmにのばす。
5. セルクルで抜いて、タルト型にはめ、タルトストーンを入れて180℃のオーブンで40分焼く。

＜クレーム・シブースト＞（直径65mm×深さ25mmのフレキシパン48個分）

材料
- 牛乳…500g
- バニラスティック…2本
- 冷凍卵黄…288g
- グラニュー糖…72g
- 薄力粉…60g
- 板ゼラチン…24g
- イタリアンメレンゲ＜冷凍卵白…240g　グラニュー糖…480g　水…150g＞
- カルヴァドス…40g

作り方
1. 牛乳に、さやから出したバニラビーンズ、さやを入れて沸かす。
2. 卵黄とグラニュー糖を泡立て器でよくすり混ぜて、薄力粉も混ぜる。
3. 2のボウルに沸かした1の牛乳を一気に入れ、シノワで漉しながら鍋に戻して泡立て器で混ぜながら、強火で炊く。固まってきたら、弱火に。混ぜる手はゆるめない。
4. より固まってきたら混ぜ方を強め、つやが出てきたら火を止め、ふやかしたゼラチンを加えてよく混ぜて、裏漉しする（a）。
5. イタリアンメレンゲを作る。卵白を角がしっかり立つまで泡立てて、攪拌しながら105℃まで煮詰めたシロップを加える。
6. 温かいイタリアンメレンゲ（40℃くらいがいい）を少し4に加えて泡立て器で混ぜる。また、少しイタリアンメレンゲを加えて混ぜ、カルヴァドスを加えて全体をなじませる。こうしてから、ゴムべらに持ち替え、残りのメレンゲを加えて、気泡を殺さないように底から混ぜる（b）。
7. フレキシパンに6の生地を絞って、冷凍庫で冷やし固める。

＜クラフティ＞（約60個分）

材料
- 全卵…360g　卵黄…340g
- グラニュー糖…300g
- 35％生クリーム…540g
- 牛乳…540g

作り方
1. 全卵と卵黄、グラニュー糖をよくすりまぜる。
2. 生クリームと牛乳を沸かして、1のボウルにまず半量を加えて泡立て器で混ぜ合わせる。続いて残りを加えて混ぜて、シノワで漉す（c）。
3. 四角い容器に移して、表面にペーパータオルを貼りつけて気泡を除く（d）。

生地をいい状態にするために、裏漉しし、混ぜる

クリーム・パティシエールを炊いて、つやが出てきたらゼラチンを加えてよく混ぜ、裏漉しする。この後メレンゲと合わせる。

泡立て器で混ぜ続けると生地が死ぬのでゴムべらに持ち替えて、底から混ぜる。

なめらかに仕上がるように漉して、気泡はペーパータオルで除く

全卵と卵黄にグラニュー糖を合わせ、ここに牛乳と生クリームを合わせた半量をまず混ぜる。続いて残りを混ぜ合わせる。

表面の気泡はバーナーで炙ると味に影響するので、ペーパータオルを貼りつけてしばらく置いて気泡を除く。

<　りんごのポワレ　>（約60個分）

材料
りんご（王林）…5個
無塩バター…適量
グラニュー糖…100g
カルヴァドス…適量

作り方
1. 鉄のフライパンをよく熱して、バターを入れて溶かす。縁までバターをなじませる（e）。
2. 皮をむいて芯を除き、1cm角くらいに切ったりんごを入れる。すかさずグラニュー糖を加える。へらは使わず、フライパンをふって、りんごと砂糖をしっかり混ぜる（f）。
3. フライパンを振り続けて、りんごの水分が飛んで色づいてきたら、カルヴァドスでフランベする（g）。
4. フライパンをふって手早く混ぜ、バットに広げて冷ます（h）。

<　りんごのコンポート　>（仕込み量）

材料
りんご（王林）…1kg
グラニュー糖…100g

作り方
1. りんごは皮をむいて芯を除いて薄切りにする。
2. 天板に広げて、150℃のオーブンで90分焼く。
3. オーブンから出して、粗熱がとれたらロボクープでペースト状にする。

<　仕上げ　>

材料
グラニュー糖／ベルジョワーズ

作り方
1. パータ・ブリゼにりんごのポワレを15g入れ、クラフティを30g流し入れて180℃のオーブンで18分焼く。
2. オーブンから出して、上にりんごのコンポートを塗り、その上にクレーム・シブーストをのせる。
3. クレーム・シブーストの表面にグラニュー糖をふって焼きごてでキャラメリゼする。続いてベルジョワーズをふって同じくキャラメリゼし、もう一回、ベルジョワーズをふって濃い色目までキャラメリゼする。

りんごをの食感を残しつつ、表面をキャラメリゼさせる

鉄のフライパンをしっかり熱し、縁まで溶かしたバターを行き渡らせてからりんごを入れる。

りんごを入れたら、すぐにグラニュー糖を合わせる。フライパンをあおって合わせて、木べらなどは使わない。砂糖と合わさってりんごから水分が出て、キャラメリゼがきれいにできる。

ずっと強火で、フライパンをあおり続け、りんごの水分が飛んで色づいたらカルヴァドスでフランベ。

あおって手早く混ぜてバットに広げて冷ます。

ベルジョワーズのキャラメリゼ
クレーム・シブースト
りんごのコンポート
りんごのポワレ
アパレイユ
パータ・ブリゼ

トロピカル

アルカイク

南国を思わせるココナッツ風味のムースのなかに
マンゴーのブリュレを包み込んで

ココナッツとマンゴー、パッションフルーツの風味を融合させた、エキゾチックな味わい。生地には軽やかな食感のダックワーズを使用。香り豊かなココナッツリキュール入りのムース、目覚めるような酸味のパッションクリームで、存在感のある味わいに。

recette（直径6cmのボンブ型　30個分）

<ダックワーズ・ノワ・ド・ココ>

材料

メレンゲ<卵白…180g　グラニュー糖…60g >　アーモンドプードル…75g
ココナッツプードル…100g　薄力粉…15g　粉糖…100g

作り方

1. 卵白とグラニュー糖を高速のミキサーにかけ、しっかりとしたメレンゲを作る。
2. 一緒にふるった粉類を、1の中に加え、軽く混ぜ合わせる。
3. 天板にのばして粉糖をふり、190℃のオーブンで15分ほど焼く。

<マンゴー・ブリュレ>（直径3cmのブリュレ型）

材料

マンゴーピューレ…214g　全卵…64g　グラニュー糖…26g　レモン果汁…4cc

作り方

全ての材料を混ぜ、こしてから型に流し、90℃のオーブンで50分焼く。

<ココナッツムース>

材料

ココナッツピューレ…900g　板ゼラチン…22g　38%生クリーム…450g
ココナッツのリキュール…120cc
イタリアンメレンゲ<卵白…100g　グラニュー糖…200g　水…60cc >…200g使用

作り方

1. ココナッツピューレを人肌程度にあたため、戻した板ゼラチンを加えて溶かし、ピューレと混ぜる。
2. 1を冷水に当てて冷やしておき、八分立てにした生クリーム、ココナッツリキュール、イタリアンメレンゲの順に混ぜる（a・b）。

<パッションクリーム>（基本配合）

材料

A <パッションフルーツピューレ…500g　卵黄…3個分　グラニュー糖…150g
　トレハロース…100g　薄力粉…40g　コーンスターチ…10g >
45%生クリーム（加糖8%）…Aのでき上がり重量の1/2量

作り方

1. グラニュー糖とトレハロースの1/2量と卵黄をすり混ぜ、薄力粉とコーンスターチを加え、軽く混ぜ合わせる。
2. 残りのグラニュー糖とトレハロースを加えて70～80℃にしたピューレの1/2量を1に加え、よく混ぜる。漉しながら残りのピューレに戻し入れ、炊き上げる。
3. 2が完全に冷めたら裏漉しをして、八分立てにした生クリームを合わせる（c）。

<仕上げ>

材料

マンゴーピューレ／ナパージュ・ヌートル／ココナッツロング／フランボワーズ／ホワイトチョコレート

作り方

1. ダックワーズを直径6cm大に抜き、パッションクリームを適量絞り、冷蔵庫で冷やし固めておく。
2. ココナッツムースを型に半分位まで絞り、マンゴー・ブリュレを入れ（d）、再びムースを型の八分目くらいまで絞り、1をのせて冷やし固める。
3. 2を型からはずし、マンゴーピューレで模様を描き、全体にナパージュ・ヌートルを流す。
4. 側面の下側にココナッツロングをまぶし、上面にフランボワーズとホワイトチョコレートを飾る。

ココナッツリキュールで香りを補強

ココナッツのムースは、ココナッツのピューレとココナッツのリキュールを組み合わせ、キレを出す。

ムースはこのくらいなめらかな状態に仕上げる。型に流し込んでいく。

パッションクリームで存在感のある味わいに

パッションフルーツピューレで炊いたクリームと生クリームを合わせる。

ココナッツムースの中に冷やし固めておいたマンゴーのブリュレを入れる。

カシスマンゴー

パティスリー セークルトロワ

イチゴのエキスでやわらげたカシスの酸味が
マンゴーのムースにマッチする

この店のカシスのムースの特徴は酸味が強過ぎないこと。イチゴのエキスを少量加えた効果だ。春夏商品だったがお客の要望で通年の代表商品に。

recette（72個分）

図の注記：
- バラの花びら
- ホワイトチョコレート
- カシスの実
- ナパージュ・ヌートル
- ムース・カシス
- ムース・マンゴー
- コンフィチュール・マンゴー
- ビスキュイ・ダックワーズ・ノワゼット

＜ムース・カシス＞（直径7cmのドーム型、72個分）

材料
- カシスピューレ…650g　卵黄…128g
- グラニュー糖A…43g　トックブランシュ・フレーズ…12g
- 板ゼラチン…19.5g　グラニュー糖B…166g
- 水…42g　卵白…84g　35%生クリーム…472g

作り方
1. カシスピューレ、卵黄、グラニュー糖Aでアングレーズを炊き、トックブランシュ・フレーズ（a）、水（分量外）で戻したゼラチンを加え、冷ます。
2. グラニュー糖B、水、卵白でイタリアンメレンゲを立てる。
3. 1と泡立てた生クリームを混ぜ合わせる。
4. 2と3を混ぜ合わせる。

＜ムース・マンゴー＞

材料
- マンゴーピューレ…1600g　グラニュー糖…160g
- 板ゼラチン…45g　35%生クリーム…1664g

作り方
1. マンゴーピューレ、グラニュー糖を温め、水（分量外）で戻したゼラチンを加え、溶かし、冷ます。
2. 泡立てた生クリームと1を混ぜ合わせる。

＜ビスキュイ・ダックワーズ・ノワゼット＞

材料
- 卵白…375g　グラニュー糖…150g　アーモンドパウダー…225g
- ヘーゼルナッツパウダー（ロースト）…135g　粉糖…300g

作り方
1. 卵白、グラニュー糖でメレンゲを立てる（b）。
2. アーモンドパウダー、ローストしたヘーゼルナッツパウダー、粉糖をふるいにかけ、1と合わせる。
3. 2を直径1cmの丸口金で直径5cmに渦状に絞り、190℃のオーブンで20分間焼成する。

＜コンフィチュール・マンゴー＞

材料
- マンゴー（冷凍）…500g　グラニュー糖…250g　トレハロース…50g
- レモンジュース…10g　パッションピューレ…50g

作り方
1. すべての材料をボウルに入れ、一晩おく。
2. 1をブリックス60°まで煮詰める。

＜仕上げ＞

材料
- ナパージュ・ヌートル／マンゴーのマカロン／カシスの実／バラの花びら（食用）／ホワイトチョコレート

作り方
1. ムース・カシスをドーム型1/3位まで絞り、全体にならし、冷凍庫で冷やし固める。
2. ムース・マンゴーを1のドーム型いっぱいに絞り、コンフィチュール・マンゴーを入れ、ビスキュイ・ダックワーズ・ノワゼットをのせ、冷凍庫で冷やし固める。
3. ナパージュ・ヌートルをかけ、マンゴーのマカロン、カシスの実、バラの花びら、ホワイトチョコレートを飾る。

ムースはイチゴの香りで酸味をやわらげ風味付け

a

ドーバーのノンアルコール濃縮エキス「トックブランシュ」。フルーツの風味を加味できる。フレーズのほかピーチ、マンゴーなど。

ダックワーズのメレンゲは立て過ぎない

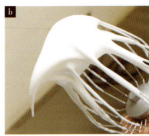

b

ダックワーズのメレンゲはホイッパーを持ち上げるとおじぎをする程度に立てる。立て過ぎると焼き上がり後に沈みやすい。

シトロン・ブラン

パティスリー ラ プラージュ

レモンとホワイトチョコレートが作り出すチーズケーキのような味わい

チョコレートケーキ、チーズケーキは幅広く好まれる。その系統で新作をと考えるうちに、このお菓子ができた。爽やかなチーズケーキに似た風味。

recette （57cm×37cm×高さ6cmのカードル1台分）

＜ダクワーズ＞ （60cm×40cmのフランス天板2枚分）
材料
A＜卵白…1000g　グラニュー糖…220g＞
B＜アーモンドプードル…600g　粉糖…600g　薄力粉…150g＞

作り方
1. Aでメレンゲを作り、ふるったBの材料を加えて混ぜる。
2. メレンゲが残らないように混ぜ、天板にのばし、190℃のコンベクションオーブンで16分間焼く。

＜アパレイユ・シトロン＞
材料
全卵…8個　レモン（皮、汁）…8個分　グラニュー糖…670g　無塩バター…340g

作り方
すべての材料を合わせ（a）、湯煎に25～30分間かける（b・c）。全体に火が入るように混ぜながら行なう。
※1kgはクレーム・シトロンに使い、残りは溶かしたゼラチン10gを加え組み立てに使う。

＜クレーム・シトロン＞
材料
アパレイユ・シトロン…1kg　クレーム・パティシエール★…600g
板ゼラチン…15g　38％生クリーム…750g

作り方
1. アパレイユ・シトロンに溶かしたゼラチンを加え粗熱をとる。
2. やわらかくしたクレーム・パティシエールを加える。
3. 八分立ての生クリームを加え混ぜる。

＜クレーム・イヴォワール＞
材料
35％ホワイトチョコレート（ヴァローナ社「イヴォワール」）…700g
板ゼラチン…20g　牛乳…530g　38％生クリーム…940g

作り方
1. 牛乳を沸かし、戻したゼラチンを加え、刻んだホワイトチョコレートに加える。
2. 混ざったら氷水で人肌程度に冷まし、八分立て生クリームを加える。

＜仕上げ＞
材料
コアントローシロップ／クレーム・シャンティー／ホワイトチョコレート

作り方
1. カードルに逆さ仕込みにする。クレーム・シトロン、ダクワーズ、アパレイユ・シトロン、クレーム・イヴォワール、ダクワーズの順に重ねる。
2. ダクワーズにコアントローシロップで少しアンビベする。
3. 急速冷凍庫で冷やし固める。
4. 固まったらカードルをはずし、4cm×7cmにカットする。
5. クレーム・シャンティーを絞り、テンパリングしてだ円にしたホワイトチョコレートを飾る。

クレーム・パティシエール★
＜材料＞牛乳…1000cc　バニラビーンズ…1/2本
A＜卵黄…240g　グラニュー糖…150g　薄力粉…70g＞
＜作り方＞
牛乳、バニラビーンズを沸かし、Aを加えて炊き上げる。

アパレイユ・シトロンは湯煎で全体に火を通す

a
卵、グラニュー糖、バターの中にレモンの皮をすりおろし、汁を絞って加える。レモン汁は十分に絞り、丁寧に漉す。

b
泡立て器でほぐしてから湯煎にかけ、全体に火が入るように混ぜながら加熱する。

c
25～30分、湯煎にかけた状態。この後、漉し網を通してなめらかにする。

Cake fruits
（ケーク・フリュイ）

パティスリー パクタージュ

フランス菓子の「ケーク」を表現した
ずっしりとした食感が魅力のスペシャリテ

目が詰まってずっしりとしたフランス菓子らしい食感を追求したケーク。深めの焼成でフランス産小麦粉の持ち味をしっかりと引き出し、噛むごとに味わいが増すような味の奥行きを出している。シナモンやナツメグなど5種類のスパイスで風味を高め、ドライフルーツは、スパイスとの相性を踏まえたアプリコット、プルーン、フィグ、レーズンの4種類に。たっぷりと加え、果実味を堪能させる。

recette（340g×2台分）

< パータ・ケーク >

材料
- アプリコットのコンポート★…56g
- プルーンのコンポート★…80g
- フィグのコンポート★…80g
- レーズンのコンポート★…40g
- くるみ…10g
- 発酵無塩バター…120g
- 全卵…91.2g
- グラニュー糖…88g
- フランス産小麦粉（「TYPE55」）…120g
- ベーキングパウダー…1.8g
- シナモン（パウダー）…2.4g
- ナツメグ（パウダー）…2.4g
- クローブ（パウダー）…1g
- コリアンダーシード（パウダー）…0.3g
- 黒胡椒…0.3g
- シロップ< V.S.O.P コニャック60°…11g
  シロップ（ボーメ30°）…15g　水…4g >

作り方
1. ドライフルーツはそれぞれコンポートにし、5mm角に切る。
2. くるみは中心が色づくまでローストし、皮をむいて粗めに割っておく。
3. バターは常温に戻し、電子レンジや湯煎にかけて26～28℃に温度を調整し、溶きほぐした卵を同じく26～28℃に温めて3回くらいに分けて加える（a）。ゴムべらで空気が入らないように混ぜ、乳化してなめらかになってから次の卵を加える。
4. 3に1と2を入れ、グラニュー糖、スパイス類、ふるい合わせた小麦粉とベーキングパウダーを加える。ゴムべらで底から返すようにし、練らないように混ぜ合わせる。
5. 粉気がなくなったら絞り袋に詰め、シートを敷いたパウンド型に絞り入れる。
6. 型の底を台に2～3回落として空気を抜き、焼いた時にきれいな角が出るように、型の四つ角を指で押さえる。ゴムべらで表面を平らに丁寧にならす。
7. 160℃のオーブンで110分焼成する（b）。
8. 焼き上がった7を型から外し、熱いうちに材料を合わせておいたシロップを1台につき15g打つ（c）。

< 仕上げ >

材料
アプリコットジャム／ドライフルーツのコンポート（プルーン・アプリコット・フィグ・レーズン）／くるみ／ピスタチオ

作り方
1. ケークが冷めたら、上面に刷毛で薄くアプリコットジャムを塗る。
2. ドライフルーツのコンポートとくるみ、ピスタチオを飾り、フルーツにアプリコットジャムを塗ってつやを出す。

「きちんとした乳化」「空気を含ませないこと」で、重みのある食感を作る

空気を極力含ませないよう、バターと卵は乳化しやすい26～28℃に調整し、混ぜる回数を減らす。ミキサーの場合で、乳化を促すために熱を足す時は、バターが溶けないように、ドライヤーを遠くから当ててボウル内の温度を上げる。

粉まで水分を飛ばすイメージで深く焼成し、粉の風味や香りをしっかりと引き出す

焼成は165℃で110分。水分が飛んでぎゅっと生地が締まり、型と生地の間に隙間ができるくらいに深めに焼く。ケークに使うフランス産小麦粉は、深めに焼くと香りや風味も増す。

熱いうちにシロップを1台につき15g塗る。シロップには、スパイスやドライフルーツにも合うと考えたV.S.Pコニャックを選択。

▶次ページに続く

アプリコットのコンポート★

<材料>セミドライアプリコット…1000g　グラニュー糖…300g　白ワイン…200g
　　　バニラビーンズ…1本

<作り方>
1. セミドライアプリコットは、1個につき5〜6箇所を竹串で刺して穴をあける（d）。
2. ボウルに1と1の倍量の水（分量外）を入れ、常温で1日おいてやわらかくする（e）。
3. 2をアプリコットと水に分け、水にグラニュー糖を加えて沸かす。沸いたら火を止めてアプリコットを浸し、そのまま1時間おく。
4. 3に白ワインとバニラビーンズを加え、3〜4時間弱火でじっくり煮る（f）。そのまま常温で冷ます。

プルーンのコンポート★

<材料>セミドライプルーン…80g　アルマニャック…適量

<作り方>
1. 「アプリコットのコンポート」の手順1、2と同様にして、セミドライプルーンを水に1日浸けてやわらかくする。
2. 1の水をきり、アルマニャックに1週間くらい漬ける。

フィグのコンポート★

<材料>セミドライフィグ…1000g　グラニュー糖…300g　バニラビーンズ…1本

<作り方>
1. 「アプリコットのコンポート」の手順1、2と同様にして、セミドライフィグを水に1日浸けてやわらかくする。
2. 1をフィグと水に分け、水にグラニュー糖を加えて沸かす。沸いたら火を止めてフィグを入れ、そのまま1時間おく。
3. 2にバニラビーンズを加え、3〜4時間弱火でじっくり煮る。そのまま常温で冷ます。

レーズンのコンポート★

<材料>レーズン…360g　水…180g　グラニュー糖…80g　ラム酒…90g

<作り方>
1. レーズンを水180gに浸け、1日おいてやわらかくする。
2. 1にグラニュー糖、ラム酒60gを加えて沸騰させ、煮立ったら火を止めて別の容器に移し、ラム酒30gを加える。粗熱がとれたら冷蔵庫で保存する。

コンポートにする前に水に1日浸けてやわらかく戻し、ジューシーさを出す

d　レーズン以外のドライフルーツは、次の工程で水が浸透しやすいよう、竹串で1個につき5〜6カ所ほど穴をあける。アプリコットとプルーン、フィグは果実味が残るセミドライを使っている。

e　全てのドライフルーツをそれぞれ水に浸け、1日おく。写真の左側が1日浸けた状態。水を含ませてやわらかくすることで、果実味が増し、ドライフルーツの旨味を活かせる。

f　それぞれ適した材料でコンポートにする。アプリコットはシロップ、白ワイン、バニラで3〜4時間、2で吸わせた水を出して、その分の味を含ませるイメージでじっくりと炊く。

パータ・ケーク（ドライフルーツのコンポートとくるみ入り）＋V.S.O.P コニャックのシロップ

アプリコットジャム

ボルドー

夢菓子工房　ププリエ

たっぷり絞った「主役」の生クリームを
ワインやブランデーの香りが引き立てる

生クリームが堪能できる、ありきたりでないお菓子を作りたいと考えて作ったもの。菓子名は、焼き上がった生地をワインに浸すところから、ワインの産地ボルドーに由来する。それぞれのパーツをきちんと作って組み合わせると、バランスのとれた深い味わいになる。外見も味もまさに大人向けのケーキ。

▶次ページに続く

recette（直径6cm　48個分）

＜シュトロイゼル＞（約50個分）

材料
- 低水分バター…110g
- 三温糖…90g
- アーモンドプードル…110g
- 薄力粉…110g
- シナモンパウダー…0.8g
- 塩…0.3g

作り方
1. 全ての材料を混ぜ合わせ、冷蔵庫で30分ほど冷やす。
2. 1を中速のミキサーでそぼろ状にし、フレキシパン（直径6cmの丸型）に分け入れ、100℃のコンベクションオーブンで15～20分焼く。

＜パート・ボルドー＞（直径6cmのタルト型、48個分）

材料
- グラニュー糖…240g
- 卵黄…300g
- パート・ダマンド★…90g
- はちみつ…45g
- 発酵バター…260g
- 中力粉…256g
- ベーキングパウダー…7g
- クローブパウダー…2g
- シナモンパウダー…3g
- ナツメグ…1g

作り方
1. 鍋にグラニュー糖と卵黄を合わせ、湯煎にかけながら混ぜ、44℃まであたためる。
2. フードプロセッサーにパート・ダマンドを入れ、少量の1を加えて低速で（以下同）少し混ぜ、残りの1を加えて混ぜる。
3. はちみつはあたため、2に入れて混ぜ、42℃のバターを加え、乳化させる。
4. 中力粉とベーキングパウダーは合わせてふるい、3に混ぜる。合わせておいたスパイス3種も加える（a）。
5. シュトロイゼルの入ったフレキシパンに4を八分目ほど入れ（b）、190℃の電気オーブン（上火）で25分焼く。

＜パート・フィユテ＞（60cm×40cm、12枚分）

材料
- 薄力粉…1400g　中力粉…1400g
- 塩…60g　無塩バター…560g
- 赤ワインビネガー…44g
- 水…1600g
- 折込み用＜中力粉…880g　無塩バター…3200g＞

作り方
1. ミキサーに粉類、塩、さいころ状に切ったバターを入れ、低速で混ぜる。
2. 赤ワインビネガーに水の一部を合わせて混ぜ、1に入れて混ぜ、残りの水を加えて混ぜ、取り出す。
3. ミキサーに折り込み用の中力粉とさいころ状に切ったバターを入れて低速で混ぜ、生地をまとめる。
4. 3の生地で2の生地を包み、三つ折り2回を3回繰り返す。
5. 生地を2mm厚さにのばし、200℃のコンベクションオーブンで15分焼き、セルクル（直径6cm）で抜く。

スパイスが効いた生地をシュトロイゼルと重ねて焼く

粉とスパイスを加える。スパイスは香りや甘みの強いクローブ、シナモン、ナツメグを。

半焼きにしたシュトロイゼルの上にパート・ボルドーを八分目の高さまで絞り入れる。

<仕上げ>

材料
マラスキーノ／白ワイン（コンビエール）／バナナ／はちみつ／レモン果汁／無塩バター／ラム酒／クレーム・シャンティー★／粉糖／金箔

作り方
1. マラスキーノと白ワインを合わせて沸かし、焼きたてのパート・ボルドーをしっかり浸す（c）。
2. バナナは1.5cm厚さの輪切りにする。フライパンにはちみつとレモン果汁、バターを入れてあたため、バナナを加えてソテーする。最後にラム酒を加えてフランベする。
3. パート・ボルドーの上に2のバナナを1個のせてクレーム・シャンティーを絞り出す。
4. パート・フィユテの表面に粉糖をふり、金箔をのせて3にのせる。

パート・ダマンド★
<材料>アーモンド（皮むき）…1300g　グラニュー糖…650g　水…150cc
<作り方>
1. 鍋にアーモンドとたっぷりの水を入れ、沸騰したら10〜15分ゆで、湯をきる。
2. グラニュー糖と水でシロップを作り、アーモンドを入れて一晩おく。
3. 2をミキサーに入れ、カッターでペースト状になるまで20分ほど混ぜる。
4. 3を3mm厚さにのばし、15cm四方大に切り分ける。

クレーム・シャンティー★
<材料（基本配合）>36％生クリーム…250g　47％生クリーム…250g　グラニュー糖…40g
<作り方>
1. 生クリームとグラニュー糖を合わせて立てる。

焼きたてを香り高い洋酒にしっかり浸してしみ込ませる

白ワイン（コンビエール）とマラスキーノを合わせた中にしっかり浸し、風味をプラス。

クレーム・シャンティー　　パート・フィユテ
パート・ボルドー　　バナナのソテー

ショコラバナーヌ

パティスリー セークルトロワ

スペイン産チョコレートで作るシャンティ・ショコラに
作り立てのバナナペーストの濃厚な香り

このケーキの味わいどころはビスキュイのやわらかい口当たりと濃厚なバナナの香り。生地は、乳化の工程と粉の混ぜ方に独自の方法をとり、バナナは自家製バナナペーストで香りと味を濃厚にした。

recette（55個分）

＜ビスキュイ・ショコラ＞（6取天板4枚分／うち3枚を使用）

材料
- 卵白…1100g
- グラニュー糖A…600g
- 卵黄…640g
- グラニュー糖B…160g
- 薄力粉…360g
- ココアパウダー…140g
- 無塩バター…340g
- サラダ油…100g
- ハチミツ（レンゲ）…72g

作り方
1. バター、サラダ油、ハチミツをボウルに入れ、湯煎にかけて温める。
2. 卵白とグラニュー糖Aを中速のミキサーにかけ、メレンゲを立てる。
3. 卵黄とグラニュー糖Bを湯煎にかけ、グラニュー糖が溶ける程度に温め、混ぜる。
4. 溶かした1とココアパウダーを混ぜ合わせておく（a）。
5. 2と3を混ぜ合わせ、ふるっておいた薄力粉としっかり混ぜ合わせる。
6. 4に5を少量ずつ混ぜ合わせていき（b）、乳化すれば5の残りと合わせる。
7. 天板に6を流し（c）、200℃のオーブンで15分間焼成する。

＜シャンティ・ショコラ＞

材料
- 35％生クリーム…540g
- 水飴…54g
- 転化糖…54g
- 64％チョコレート…408g
- 43％生クリーム…1080g

作り方
1. 生クリーム（35％）、水飴、転化糖を沸騰させ、チョコレートに入れ、ハンドミキサーで乳化させていく。
2. 1に生クリーム（43％）を少量ずつ混ぜ合わせ、一晩おく。

＜バナナペースト＞

材料
- バナナ…10本
- グラニュー糖…160g
- 無塩バター…45g

※グラニュー糖、バターはバナナの状態により加減する。

作り方
1. フライパンにグラニュー糖を入れ、カラメルを作る。
2. 1にバター、バナナを入れ（d）、バナナにしっかり火が通ればバットにあけ、スケッパーで果肉が残る程度につぶす。

＜仕上げ＞

材料
- ピストレ用チョコレート

作り方
ビスキュイ・ショコラの上に薄くシャンティ・ショコラを絞り、バナナペーストを薄く塗り、もう一度シャンティ・ショコラを絞り、ビスキュイ・ショコラをかぶせる。これをもう一度繰り返し、表面にシャンティ・ショコラを塗り、模様を付け、チョコレートでピストレする。9.5cm×3.2cmにカットする。

生地はしっかり混ぜると、つやよくきめ細かく仕上がる

油脂性のものを混ぜておく。バター、サラダ油、ハチミツを湯煎で溶かし、ココアに加える。

油脂に基本の生地を加えていく。まずは少量の生地を入れてよく混ぜ、これを何回か繰り返して乳化したら残りの生地と合わせる。

生地の完成。よい生地はつやがあり、焼くと歯切れよくきめ細かく上がる。

バナナはしんなりするまで加熱してペーストを作る

グラニュー糖をカラメル状になるまで熱し、バターを加えて溶かしたらバナナを入れ、しんなりするまで強火で火を通す。キャラメルをすべてのバナナにからめる。

ポンム・ノルマンド

アルカイク

りんごの香りを引き立たせるキャラメルのほろ苦いクリーム

厚みも味わいもしっかりとした生地の存在感に負けないように、キャラメリゼしたりんご、ほろ苦いキャラメル風味のクリームをたっぷりと飾る。生地にはりんごの芳醇な香りが漂う「カルバドス」を贅沢に使用している。

recette（直径7cmのタルト型　約12個分）

＜パート・サブレ＞（基本配合）

材料
無塩バター…1000g　塩…8g　粉糖…700g　全卵…2個　卵黄…8個分
カルバドス…100cc　中力粉…1000g　アーモンドプードル…300g
ベーキングパウダー…10g　シナモンパウダー…12g

作り方
ミキサーにバター、塩、粉糖を入れしっかり立てながら全卵と黄卵を少しずつ加え、カルバドス、一緒にふるった粉類を入れ、しっかりと混ぜ合わせる（a）。

＜ガルニチュール＞

材料
クレーム・ダマンド★…180g
キャラメルソース（P127参照。ここではカソナード50％配合）…60g
りんごのキャラメリゼ★…120g　薄力粉…16g
メレンゲ＜卵白…90g　グラニュー糖…30g＞

作り方
1. クレーム・ダマンドにキャラメルソースを加え（b）、よく混ぜる。
2. 1にりんごのキャラメリゼと薄力粉を入れ軽く混ぜる。
3. 卵白とグラニュー糖でメレンゲを作り、2と軽く合わせる。

＜キャラメルクリーム＞（約14個分）

材料
クレーム・パティシエール（P127参照）…200g
キャラメルソース（P127参照。ここではカソナード50％配合）…40g
38％生クリーム…200g

作り方
1. クレーム・パティシエールとキャラメルソースを混ぜる。
2. 1に加糖8％で八分立てにした生クリームを混ぜ合わせる。

＜仕上げ＞

材料
45％生クリーム／シナモンパウダー／りんごのキャラメリゼ★

作り方
1. パート・サブレを3mm厚さにのばし、型の底と内側に敷き込む。
2. 1にガルニチュールを詰め、180℃のオーブンで30分ほど焼く。
3. 2の上にキャラメリゼしたりんごを適当にのせ、キャラメルクリームを絞る（c）。
4. 周りにキャラメリゼしたりんごをのせ、上にスプーンで成形した九分立ての生クリームをのせ、シナモンパウダーをふる。

クレーム・ダマンド★
＜材料（基本配合）＞無塩バター…500g　粉糖…500g　アーモンドプードル…500g
薄力粉…100g　全卵…8個　塩…2g　バニラペースト…少々
＜作り方＞
1. バターをやわらかめのポマード状にし、バニラペーストと塩を加え混ぜる。
2. 1とふるった粉類と粉糖を加え、全卵を3〜4回に分けて加えては混ぜ、しっかり合わせる。

りんごのキャラメリゼ★
＜材料＞りんご（紅玉・1cm角に切る）…5個分　グラニュー糖…りんごの20％量
無塩バター…りんごの5％量　シナモンパウダー…適量
＜作り方＞
フライパンにグラニュー糖を熱し、キャラメル状になったら1を加える。りんごの水分がとんだら、バターとシナモンパウダーを加えて混ぜ合わせる（d）。

パート・サブレには
シナモンとカルバドスを

生地にはシナモンパウダーとりんごのリキュール「カルバドス」を加え、深みを出す。

上にたっぷり絞るクリームは
キャラメルソースで引き締める

色が濃くて苦みが強いキャラメルソース（カソナード配合）を加え、甘さを引き締める。

キャラメリゼしたりんごを
包み込むようにクリームを絞る

高さのある生地に見合った量のりんごとクリームを組み合わせ、それぞれに存在感を持たせる。

シナモンをたっぷり加えながら
りんごをキャラメリゼする

酸味の強い紅玉を使用。シナモンは加熱すると香りがとぶので多めに加えてOK。

chapter 2
Spécialités
de chocolat
et Marron

チョコレート、マロンの
スペシャリテ

アプソリュ

ピエール・プレシュウズ

絶対においしい組み合わせをひとつにまとめたタルト

アプソリュとは、「絶対的な」という意味。シェフが絶対的においしいと思う、チョコレート・キャラメル・ナッツ・フルーツの組み合わせをタルトにまとめた。深い苦味、風味のキャラメル・サレとチョコレートにアプリコットの酸味を対比させて味の要にし、食感はくるみとフィグの歯触りをアクセントに。

recette（作りやすい分量）

＜パート・シュクレ＞ (6.5cm×6.5cm×高さ1.5cmの角型 約8個分)

材料
- 発酵無塩バター（よつ葉乳業）…150g
- 粉糖…100g　全卵（小）…1個
- アーモンドプードル…35g　薄力粉…280g

作り方
1. ポマード状にしたバターに粉糖を加え、空気が入らないように木べらですり混ぜる。
2. 溶いた全卵を3回に分けて1に加え、乳化させながら混ぜる。
3. アーモンドプードルとふるった薄力粉を2に入れ、さっくり混ぜる。
4. 3をラップに包み、冷蔵庫で一晩ねかせる。
5. 4を約400gとり、厚さ約2mmにのばし、型に敷き込む。
6. 5に重石を入れて180℃のオーブンに入れ、15～20分程度焼く。
7. 重石をはずし、熱いうちに塗り卵（分量外）をして再度オーブンに入れ、塗り卵が固まるまで焼く。

＜キャラメル・サレ＞ (仕込み量)

材料
- A＜35％生クリーム（中沢）…200g　水あめ…30g　グラニュー糖…70g　塩…3g＞
- グラニュー糖（キャラメル用）…150g
- 水…50g
- 発酵無塩バター（よつ葉乳業）…100g

作り方
1. Aを鍋に入れ、沸騰寸前まで熱くしておく。
2. 別鍋でグラニュー糖（キャラメル用）と水を加熱し、濃いキャラメルになるまで焦がす（a）。
3. 2に1を少しずつ入れながらゴムべらで混ぜる（b）。
4. 全部入れ終えたら裏漉しし、ボウルに移し、ラップをして室温におく。
5. 4の粗熱がとれて人肌になったら、あらかじめサイコロ状に切って常温に戻しておいたバターを加え、バターが見えなくなるまで木べらで混ぜる（c・d）。
6. ラップをして冷蔵庫に入れる。

＜ムース・ショコラ＞ (1辺6cm×高さ1.5cmの正方型 約20個分)

材料
- 75％チョコレート（ドモーリ社「スル デル ラゴ」）…150g
- 35％生クリーム（中沢）…400g
- A＜35％生クリーム…170g　卵黄…3個分　グラニュー糖…30g＞
- ブランデー…15g

作り方
1. チョコレートは味と香りが強いベネズエラ産カカオの「スル デル ラゴ」を使用。細かく刻んでボウルに入れておく。
2. 生クリームはあらかじめ六分立てくらいにして冷蔵庫に入れておく。
3. Aでアングレーズを炊く。生クリームを沸騰寸前まで熱くし、卵黄とグラニュー糖をよく混ぜ合わせたところに少しずつ加え、全量を混ぜ込む。
4. 弱火で82℃くらいになる（とろみが強くつく）まで炊いたら、火からおろし、1のボウルに漉し入れる。
5. 少し間をおいてから泡立て器でよく混ぜる。
6. 5が40℃くらいになったらブランデーを入れ、2とさっくり混ぜ合わせる。
7. 型に6を入れて平らにならし、冷蔵庫で冷やし固める。固まったら型をはずして冷蔵庫におく。

溶かしバターを使うのではなく手作業で溶かし込むとなめらかなキャラメルになる

キャラメルは煙が立つまで加熱して苦味をつける。

水あめなどとともに沸かした生クリームを加える。キャラメルと生クリームの温度が違うのでダマができないように数回に分けて加える。

粗熱をとったキャラメルにバターを混ぜる。バターを溶かして混ぜれば簡単だが、温度が下がった時に舌触りが悪くなるため、やわらかくしたバターを丁寧に混ぜ込んでいく。

バターは見えなくなっても、小さい粒が残っているうちは完全には混ざり合っていない。空気を入れないように注意して、つぶすように混ぜて完全に溶け込ませ、なめらかに仕上げる。

▶次ページに続く

<仕上げ>

材料
ピストレ★／くるみ、いちじく（セミドライ）／アプリコット（セミドライ）／粉糖（プードル・デコール）／デコール・ショコラ（市販のデザインチョコレートを6cmの正方形に切る）

作り方
1. ムース・ショコラの側面にピストレをする（省いてもよい）。
2. キャラメル・サレをボウルに入れて湯煎にかけ、なめらかになるまで木べらで混ぜる（熱の入り過ぎに注意）。
3. くるみ、いちじく、アプリコット（各適量）を刻んでタルト（パート・シュクレ）の中に入れ、2を縁まで流し入れて表面を平らにならす。
4. 3の上に粉糖をふり、1をのせ、デコール・ショコラを飾る。

ピストレ★
58%チョコレート（カカオバリー社）とカカオバターを2対1の割合で合わせる。

ピストレ／デコール・ショコラ／ムース・ショコラ／粉糖／パート・シュクレ／キャラメル・サレ＋くるみ、いちじく、アプリコット

ショコラショコラ

ラメール洋菓子店

色々な形のチョコレートを重ねた
チョコレート好きのためのケーキ

ショコラサブレやショコラのシャルロット、ショコラクリームなど、複数のチョコレート素材を組み合わせた、チョコレートづくしのケーキ。店内のご意見箱に寄せられたお客の声を受けて開発。キルシュ酒漬けのグリオッティーヌを組み込み、大人向けの味わいに仕上げている。

▶次ページに続く

recette （56個分）

＜ショコラのシャルロット＞

材料
- 全卵…3個　卵黄…12個分
- 卵白…12個分　グラニュー糖…225g
- アーモンドプードル…270g
- 粉糖…330g　薄力粉…60g
- ココアパウダー…75g

作り方
1. 全卵、卵黄に、グラニュー糖の1/3を加えてしっかりと立てる。
2. 卵白と残りのグラニュー糖を混ぜ合わせ、しっかりとしたメレンゲを立てる。
3. アーモンドプードル、粉糖、薄力粉、ココアパウダーをふるって混ぜ合わせ、メレンゲと交互に、1に少量ずつ加えて混ぜ合わせる。
4. 3の生地を、丸口金8番で棒状に連ねて絞り出し、36cm×9cmの生地に。粉糖をかける。
5. 上185℃、下150℃のオーブンで10分焼く。天板は裏にし、直火にならないようにして焼く。焼きあがったら、すぐに天板から取り外す。

＜ショコラサブレ＞

材料
- 発酵バター…250g　上白糖…125g
- ココアパウダー…25g　薄力粉…225g
- ベーキングパウダー…3g

作り方
1. 発酵バターと上白糖をすり混ぜ、ココアパウダー、薄力粉、ベーキングパウダーをさっくりと混ぜる。
2. 生地をひと晩寝かせ、やや固めになるように練り、3mmの厚さにのす（a）。
3. 生地を直径5.5cmの型で抜き、165℃のオーブンで10分焼く。

＜ロイヤルティーヌ・プラリネ＞

材料
- プラリネペースト…480g
- ミルクチョコレート…100g
- 無塩バター…100g
- ロイヤルティーヌ…180g

作り方
1. プラリネペーストに、湯せんで溶かしたミルクチョコレートを加えて混ぜ合わせる（b）。最初は30℃ほどで合わせ、28℃になるように調整。
2. バターをやわらかくしておき、1に混ぜる。
3. ロイヤルティーヌを加え、混ぜる。

＜ショコラシート＞

材料
- 全卵…300g　上白糖…150g
- 薄力粉…75g　ココアパウダー…15g
- 牛乳…50g　無塩バター…25g

作り方
1. 全卵と上白糖を混ぜ合わせ、しっかりと泡立てる。
2. 薄力粉とココアパウダーを1に加えて混ぜ合わせる。
3. 牛乳と溶かしたバターを2に加えて混ぜ合わせる。
4. 天板に流し、165℃のオーブンで、下に天板を入れて20〜25分焼く。粗熱が取れたら半分の厚さにスライスする。

ショコラサブレの生地は固さに注意する

バターのみで固めているのでやわらかくなりやすい。やわらかくなり始める前に練って固さを調整する。

プラリネペーストは少しずつ合わせる

湯せんしたチョコレートと混ぜ合わせるプラリネペーストは、安定しにくいので何度かに分けて加える。

<ショコラクリーム>

材料

冷凍卵黄…150g　グラニュー糖…60g
牛乳…300g　板ゼラチン…6g
チョコレート（カカオ67％／ルノートル コンコルド）…300g
ブランデー（VSOP）…30g
35％生クリーム…750g

作り方

1. 卵黄とグラニュー糖、牛乳を混ぜ合わせ、かき混ぜながら火入れし、アングレーズソースを作る。
2. 板ゼラチンを水24g（分量外）でふやかしておき、温かい状態の1に加え混ぜ合わせる。
3. チョコレートに2を加えて混ぜ合わせ、乳化させる。
4. ブランデー、六分立てにした生クリームの順に加えて混ぜ合わせる。

<チョコレートクリーム>

自家製のガナッシュ★、市販のガナッシュを2：1で混ぜ合わせ、その倍の量の生クリームでのばす。

<仕上げ>

材料

グリオッティーヌ（グリオットのキルシュ漬け）／粉糖／
スイートチョコレート（カカオ58％）

作り方

1. セルクルの円周に合わせてシャルロットを17.5cm×5cmにカットし、直径6cmのセルクルの内側に巻く（c）。ショコラサブレをセルクルの下に敷く。
2. ロイヤルティーヌ・プラリネをセルクルの約半分の高さまで絞り入れる。
3. ショコラシートを直径4cmのセルクルで抜き、2の上に重ねる。グリオッティーヌを中央部分にのせ、ショコラクリームをセルクルの上部まで絞り入れる。
4. チョコレートクリームを絞りかけ、薄く板状に固めたスイートチョコレートを飾り粉糖をかける。

ガナッシュ★
スイートチョコレート（カカオ62％）、ミルクチョコレート、生クリームを6：4：10の割合で混ぜ合わせる。

ココアを加えたシャルロット生地を焼き上げ、セルクルで立体的に成形し、ケーキの側面に。中部分にはショコラクリームやグリオッティーヌを詰める。

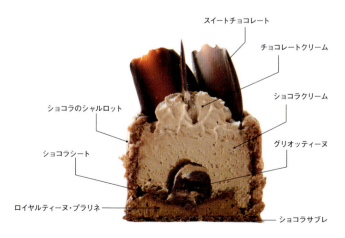

タルト ショコラ ジャンドゥーヤ

パティスリー ケン ニシオ

なめらかなチョコレートとカリカリとしたクロカンの対比が生きる

見るからにカリッとしたクロカン・ショコラが最初に目に入るせいか、口に含んだ瞬間のガナッシュ・ジャンドゥーヤのとろりとした口当たりが心地よい。よく焼いたタルトの軽さ、クロカン・ショコラに入ったカカオニブの苦みやフィユティーヌのサクサクした感じも、主役のまろやかさを引き立てる。

recette （直径6cmのリング型　30個分）

<パータ・シュクレ>

材料
- 発酵バター…200g　粉糖…180g
- 全卵…100g　薄力粉…450g
- アーモンドパウダー…50g

作り方
1. ボウルに室温で戻してやわらかくしたバターを入れ、粉糖を加えて混ぜる。
2. 全卵を3回に分けて加えて混ぜる。
3. 薄力粉、アーモンドパウダーをふるい、2に混ぜて冷蔵庫で2時間やすませる。
4. 2mm厚さにのばし、直径6cmのリング型に敷き込む。
5. 160℃のオーブンで25～30分空焼きする（a）。

<ガナッシュ・ジャンドゥーヤ>

材料
- スイートチョコレート…200g　ジャンドゥーヤ…180g
- 35％生クリーム…700g　無塩バター…100g

作り方
1. スイートチョコレートとジャンドゥーヤを細かく刻み、ボウルに入れる。
2. 沸騰させた生クリームを1に入れて1～2分おき、空気が入らないようにゆっくりと混ぜる。
3. バターを入れてゆっくりと混ぜ合わせる。
4. 完全に混ざったら、とろみがつくまで氷水で冷やす。

<グラサージュ・ショコラ>

材料
- グラニュー糖…200g　水…100g
- 35％生クリーム…100g　ココアパウダー…50g
- ナパージュ・ヌートル…80g　板ゼラチン…10g

作り方
1. 鍋にグラニュー糖、水、生クリームを入れて沸かす。
2. 沸いたら、ココアパウダー、ナパージュ・ヌートルを入れて混ぜる。
3. 氷水で戻した板ゼラチンを入れて混ぜ合わせ、再度沸騰させたらシノワで漉して冷やす。

<クロカン・ショコラ>

材料
- スイートチョコレート…150g　ヘーゼルナッツペースト…100g
- カカオバター…50g　カカオニブ…30g　フィユティーヌ…150g

作り方
1. スイートチョコレート、ヘーゼルナッツペースト、カカオバターをボウルに入れて、50℃以上にしないように湯煎で溶かす。
2. カカオニブ、フィユティーヌを加えて混ぜる（b）。
3. スプーンで直径2cmのドーム型に分けて（c）、冷蔵庫で冷やし固める。

<仕上げ>

材料
- スイートチョコレート

作り方
1. 空焼きしたタルトに、ガナッシュ・ジャンドゥーヤを流し込む。
2. 固まったら、グラサージュ・ショコラを表面にパレットで塗る。
3. クロカン・ショコラ、飾りのチョコレートをのせて仕上げる。

タルトはしっかり空焼きする

軽い食感と香ばしさが出るように、完全に乾燥するまで焼く。

クロカン・ショコラを作る

チョコレート、ヘーゼルナッツペースト、カカオバターを溶かし、カカオニブとフィユティーヌを加える。

ドーム型に入れ、冷蔵庫で冷やし固める。

ショコラルージュ

パティスリー エキュバランス

コショウとバジルを仕込んだショコラのムース
デザインを楽しみ、意外性を味わう

ムース・ショコラの中に入れたジュレグロゼイユが主役。コショウとバジルが隠し味的に使われていて、酸味だけではない複雑な甘酸っぱさを出している。

recette（55個分）

<ビスキュイ・サッシェ> （60cm×40cmのフランス天板1枚分）

材料
パート・ダマンド…200g　全卵…65g　卵黄…125g
薄力粉…65g　ココアパウダー…40g　卵白…190g
グラニュー糖…125g　溶かし無塩バター…65g

作り方
1. パート・ダマンドに全卵と卵黄を加え、ビーターでもったりするまで立てる。
2. 卵白とグラニュー糖でしっかりしたメレンゲを作り、1に加える。
3. 薄力粉とココアパウダーを合わせてふるい、2に加え混ぜ、完全に混ざりかけたところで溶かしバターを入れる。
4. 天板に流し入れ、上火180℃、下火160℃のオーブンで約12分間焼く。

<ジュレ・グロゼイユ>

材料
グロゼイユピューレ…1000g　グラニュー糖…500g　ペクチン…12g
バジル…3g　黒コショウ…3g

作り方
1. グロゼイユピューレとグラニュー糖（400g）を鍋に入れて火にかける。
2. ペクチンを残りのグラニュー糖と合わせ、1に加える。
3. 途中、バジルと黒コショウを加え、スプーンにとって水に落として固まる直前の状態になれば火を止める（a・b）。
4. 直径2.5cmのドーム型に流して冷凍する（c）。

<ムース・ショコラ>

材料
75%チョコレート…670g　40%ミルクチョコレート…110g
A＜35%生クリーム…420g　牛乳…420g　卵黄…280g　グラニュー糖…70g＞
35%生クリーム…1340g

作り方
1. Aでアングレーズを作る。
2. チョコレートとミルクチョコレートを合わせた中に1を入れて溶かし混ぜる。
3. 生クリーム（1340g）を六分立てにする。
4. 2が30℃位のときに、3を加え合わせる。

<グラサージュ・ショコラ>

材料
生クリーム…300g　水…362g　グラニュー糖…450g
ココアパウダー…150g　板ゼラチン…30g

作り方
1. ゼラチン以外の材料を合わせ、103℃まで煮詰め、戻したゼラチンを加える。
2. バーミックスにかけ、裏漉す。

<仕上げ>

材料
黒コショウ／バジル／グロゼイユ／飾りショコラ

作り方
1. 逆さ仕込みにする。直径6cmの型にムース・ショコラを流し入れ、中心にジュレ・グロゼイユを2つ合わせて球形にして入れ、ビスキュイ・サッシェで蓋をし、冷やし固める。
2. 固まったら型から出し、グラサージュ・ショコラをかけ、飾りショコラ、グロゼイユを飾り、黒コショウとバジルをふる。

ジュレ・グロゼイユは
コショウとバジルを加えて炊く

グロゼイユピューレとグラニュー糖を炊き、途中、黒コショウとバジルを加える。コショウはマダガスカル産の野性味のあるもの。

濃度は写真の程度に。目安としては、水に落としてみて、かたまる直前の状態になればよい。

型に流して冷凍しておき、2個を合わせて球形にして使う。

マリリン

アルカション

チョコレートムースの中に
コーヒー風味豊かなクレームブリュレを

ビター感や甘みのバランスが絶妙なチョコレートのムース。チョコレートはヴァローナ社のエクアトリアル・ノワールを使用。コーヒー風味のクレーム・ブリュレがアクセントに。グラサージュ・ショコラのほろ苦さが全体の味わいの引き締め役に。

recette （96個分）

<シュクセ>

材料

メレンゲ<卵白…300g　グラニュー糖…134g >
はちみつ…67g
牛乳…67g
A <粉糖…200g　アーモンドプードル…100g
　　ノワゼットプードル…100g　薄力粉…67g >
粉糖…適量

作り方

1. 卵白にグラニュー糖を少しずつ加えながら、高速のミキサーで八分立てのメレンゲを作る。
2. はちみつと牛乳を合わせ、1に加えて混ぜ合わせ、一緒にふるっておいたAをさっくりと混ぜ合わせる。
3. 7番口金で天板に直径6cm大に絞り出し、粉糖をふって、180℃のコンベクションオーブンで10〜15分焼く（a）。

シュクセ生地を丸く絞り出し
軽やかな食感に焼き上げる

アーモンドプードルとノワゼットプードルをミックスした風味豊かな生地を直径6cm大に絞り、粉糖をふって焼成。

<クレーム・ブリュレ・カフェ>（直径4cm、高さ2cmのブリュレ型）

材料

牛乳…900g
35％生クリーム…450g
卵黄…18個分
グラニュー糖…375g
ネスカフェ…30g

作り方

1. 卵黄とグラニュー糖、ネスカフェをすり混ぜておく。
2. 牛乳と生クリームを人肌程度にあたため、1に混ぜ合わせる。漉して、フレキシパンに流し入れ、100℃のコンベクションオーブンで30分ほど焼き、急速冷凍する。

<ムース・ショコラ>（直径7cmのドーム型）

材料

チョコレート（ヴァローナ社、エクアトリアル・ノワール）…1400g
グラニュー糖…560g
卵黄…480g
全卵…400g
35％生クリーム…2000g

作り方

1. グラニュー糖と卵黄、全卵を121℃まで上げながらパータ・ボンブを作る。
2. 1が人肌程度の温度にふんわりと仕上がったら、溶かしたチョコレートを加えてしっかり合わせ（b）、最後に六分立てにした生クリームを2回に分けて混ぜ合わせる（c）。

なめらかなムース・ショコラに
クレーム・ブリュレ・カフェを

人肌温度のパータボンブに溶かしたチョコレートをしっかり合わせる。

六分立てにした35％生クリームを2回に分けて加え、均一になめらかに合わせる。

<仕上げ>

材料

グラサージュ・ショコラ／グラサージュ・ショコラ・イヴォワール／チョコレート／金箔

作り方

1. フレキシパンにムース・ショコラを半分の高さまで絞り入れ、冷やし固めておいたクレーム・ブリュレ・カフェを入れる（d）。さらにムース・ショコラを型の八分目まで絞り、シュクセをのせ、急速冷凍する。
2. 型からはずし、2種のグラサージュ・ショコラをかけ、まわりにチョコレートを飾り、金箔をのせる。

フレキシパンに絞ったムース・ショコラの中に、冷やし固めたクレーム・ブリュレ・カフェを入れる。

フォレノワール

パティスリー レザネフォール

クリーム、生地ともにキルシュを利かせたシャープで大人の味わい

ドイツ南西部の「黒い森」と呼ばれる森林地帯とその特産品である桜桃をイメージして作られたケーキで、アルザス地方の伝統菓子でもある。生地は別立てにして歯切れよく仕上げ、キルシュシロップをたっぷりとしみ込ませる。シャンティイはダークチョコレートとキルシュの2種構成で味に膨らみを持たせる。冬季の季節商品で、ガトー・ショコラと肩を並べる人気商品である。

recette（直径6cm×高さ5cm 10個分）

70%チョコレート
キルシュ漬けグリオットチェリー
カカオプードル
グラサージュ・ショコラ
クレーム・シャンティイ・ショコラ
ビスキュイ・ショコラ
キルシュ漬けグリオットチェリー
クレーム・シャンティイ

＜ビスキュイ・ショコラ＞（フレンチ天板1枚分）

材料

卵黄…88g　グラニュー糖…50g　メレンゲ＜卵白…100g　グラニュー糖…34g＞
A＜アーモンドプードル…36g　カカオプードル…24g
　　薄力粉・強力粉…各19.2g＞※あらかじめふるい合わせておく
無塩バター…28g

作り方

1. 卵黄にグラニュー糖を加え、白っぽくなるまですり混ぜる。
2. 卵白を角が立つくらいまで泡立ててから、グラニュー糖を2〜3回に分けて加えながら泡立てる。全体につやがあって角がピンと立つ状態のメレンゲを作る。
3. 2に1を加えてへらで切り混ぜ、マーブル状に混ざったらAをふり入れて、粉気がなくなるまで切り混ぜる。
4. 溶かしたバターを加えてむらなく混ぜ合わせる。
5. 天板にベーキングペーパーを敷いて4を流す。170℃のオーブンで20〜30分焼いて粗熱をとる。

＜クレーム・シャンティイ＞

38%生クリーム250gにグラニュー糖20gを加えて七分に泡立てて、キルシュ少量で風味をつける。

＜クレーム・シャンティイ・ショコラ＞

材料

70%チョコレート…50g　牛乳…50g　38%生クリーム…200g
グラニュー糖…16g　バニラエッセンス…少量

作り方

1. チョコレートを約50℃に調整し、沸騰させた牛乳を加えながら泡立て器で混ぜてなめらかに乳化させる。バットに流してラップをかけて粗熱をとる。
2. 生クリームにグラニュー糖を加えて九分に泡立てる。1に加えてむらなく混ぜ合わせ、バニラエッセンスで風味をつける。

＜仕上げ＞

材料

キルシュシロップ（ボーメ27°のシロップとキルシュを同割で合わせる）／キルシュ漬けグリオットチェリー40粒（うち10粒は枝つきのもの）／グラサージュ・ショコラ（ヴァローナ社「アブソリュ・ショコラ」）／削った70%チョコレート／カカオプードル／ナパージュ・ヌートル

作り方

1. ビスキュイ・ショコラを直径6cmの型で抜き、キルシュシロップを刷毛で塗る。天板にシルパットを敷き、直径6cm・高さ5cmのセルクルを並べる。底にビスキュイ・ショコラのシロップ面を上に向けて敷く。
2. クレーム・シャンティイを少量絞って1個につき3粒のチェリー（枝なし）をおき、セルクルの高さ1/2くらいまで再度クレーム・シャンティイを絞り、ビスキュイ・ショコラのシロップ面を下に向けてのせる。
3. セルクルの高さいっぱいまでクレーム・シャンティイ・ショコラを絞り、パレットナイフで表面をならして冷凍庫で冷やし固める。
4. 3のセルクルをはずして網にのせる。グラサージュ・ショコラを薄く均一にかけて表面をパレットナイフでならす（a）。網を叩いて、グラサージュ・ショコラをできるだけ薄く均等に仕上げる（b）。
5. 表面中央に竹串を刺す。竹串を持って細かく削ったチョコレートの上でころがしながら、フォークでチョコレートをかけて、まんべんなくまぶしつける（c）。カカオプードルをふり、ナパージュ・ヌートルを塗った枝つきのチェリーを飾る。

グラサージュは薄く均一にかけ、口当たりをよくする

冷やし固めたフォレノワールを網にのせ、極力薄くなるようにグラサージュ・ショコラをかけて、パレットナイフでならす。

網の端を持ち、ケーキを倒さないように気をつけながら、軽く下のバットに打ちつけて余分なグラサージュを落とす。

表面の中央に刺した竹串を持ち、削ったチョコレートの上で転がして飾りつける。美しく仕上げるために、均等にチョコレートがつくように軽く押し当てる。

1978(イチキュウナナハチ)

パティスリー ラクロワ

芳醇なカルヴァドスを最高級チョコレートのガトーで味わう

シェフの「自分の生まれ年に発売されたカルヴァドスを是非使ってみたい」との思いから誕生したのが、このガトー。由緒あるフランスのピーロート家ゆかりの上質なカルヴァドスに、イタリア・ドモーリ社の最高級クーベルチュール「アプリマク」を合わせ、ハイグレードなアイテムとして作ってみた、という。チョコレートの花のような香りと酸味が、味わい濃厚なカルヴァドスと絶妙なバランスを生む。

recette (24個分)

金箔 / グラサージュ・ショコラ / パータ・グラッセ(赤) / ムース・ショコラ / コンポート・ポム / ビスキュイ・サン・ファリーヌ＋カルヴァドスのシロップ

＜ビスキュイ・サン・ファリーヌ＞

材料
A＜75％ チョコレート（ドモーリ社「アプリマク」）…160g　発酵無塩バター…145g＞
B＜卵黄…100g　グラニュー糖…90g＞　アーモンドプードル…55g
C＜卵白…120g　グラニュー糖…60g＞　カルヴァドスのシロップ★…120g

作り方
1. Aを合わせて溶かす。
2. Bをブランシールして1に入れ、アーモンドプードルを加えて混ぜる。
3. Cで七分立てのメレンゲを作り、2にゴムべらで合わせる。
4. 直径8cm×高さ2cmのマンケ型に3を入れ、上火・下火とも170℃のオーブンで約20分焼く。焼き上がったらカルヴァドスのシロップを打つ。

＜ムース・ショコラ＞

材料
A＜75％ チョコレート（ドモーリ社「アプリマク」）…250g
　　38％ 生クリーム（タカナシ乳業「特選北海道フレッシュクリーム38」）…360g＞
カルヴァドス（ピーロート社「カルヴァドス1978」）…40g
38％ 生クリーム（タカナシ乳業「特選北海道フレッシュクリーム38」）…330g

作り方
1. Aの生クリーム（360g）を沸かし、湯煎で溶かしたチョコレートに2回に分けて加え（a）、泡立て器で混ぜ合わせ、乳化させる（b）。
2. 常温において38℃になったら（冬は40℃くらいでもよい）、カルヴァドスを加える。
3. 生クリームを七分立てにして2に加え、泡立て器で混ぜ、最後にゴムべらでムラのないように底から混ぜる（c）。
4. 直径6.5cm×高さ1.7cmのセルクルに3を12番の丸口金で絞り入れ、冷蔵庫で冷やす。

＜グラサージュ・ショコラ＞（仕込み量）

材料
水…150g　グラニュー糖…250g　板ゼラチン…16g
38％ 生クリーム（タカナシ乳業「特選北海道フレッシュクリーム38」）…150g
カカオプードル…100g

作り方
1. 水とグラニュー糖を沸かし、水でふやかしたゼラチンを入れる。
2. 溶けたら生クリーム、カカオプードルを加えて混ぜ合わせ、漉す。
3. ラップをかけ、冷蔵庫で一晩ねかせる。

＜仕上げ＞

材料
コンポート・ポム（ブロヴェール社「コンポート・ポム」）／
パータ・グラッセ（赤）★／金箔

作り方
1. ビスキュイ・サン・ファリーヌにつぶしたコンポート・ポムを薄く塗る。
2. ムース・ショコラの型をはずし、グラサージュ・ショコラをかけ、さらにパータ・グラッセ（赤）で模様をつけ、1にのせ、金箔を飾る。

カルヴァドスのシロップ★
シロップ（ボーメ30°）80g、カルヴァドス（ピーロート社「カルヴァドス1978」）40gを混ぜ合わせる。

パータ・グラッセ（赤）★
パータ・グラッセ（白）にカラードカカオバター（赤）を混ぜる。

生クリームは半量ずつ加え 最初は分離、次に乳化と、2段階でなめらかなムースに

チョコレートは刻んでおき、沸かした生クリームの半量を加える。泡立て器で混ぜるが、この段階では分離する。

残りの半量を加える。泡立て器で混ぜていくとチョコレートと生クリームが同化してなめらかに乳化する。この状態でカルヴァドスを加える。

生クリームを七分立てにして2回に分けて加え、泡立て器で合わせ、ムラがないよう、最後はゴムべらでボウルの底から混ぜる。

カンテサンス

パティスリー レタンプリュス

様々なショコラを用いて重層的な味わいを表現

ムース、クレムー、シュトロイゼルに異なるショコラを用いた、チョコレートづくしの一品。中央に入るクレムー・ショコラには、フローラル系の華やかな香りと上品な酸味が特徴の、イタリア・ドモーリ社「アプリマク」を使用。ヴァローナ社の3種類のショコラを用いた濃厚なムースで包み込み、中から香りや味わいの違うクレムーが出てくる仕掛けだ。強固な乳化によるとろける食感も魅力。

recette（60個分）

＜シュトロイゼル・ショコラ＞

材料

A＜53％チョコレート（ヴァローナ社「フェーブ・エクストラ・ノワール」）…95g
　無塩バター…150g＞
B＜カソナード…75g　甜菜糖（ヴェルジョワーズ）…75g
　皮なし生アーモンド（スペイン産マルコナ種）…150g
　薄力粉…180g　塩…2g＞
C＜53％チョコレート（ヴァローナ社「フェーブ・エクストラ・ノワール」）…190g
　無塩バター…150g＞

作り方

1. Aのチョコレートとバターをそれぞれ溶かし、合わせておく。
2. ロボクープにBを入れ、粗めの粉状になるまでまわす。
3. 2をボウルに移して1をからめ、1cm厚にのばして一晩冷蔵庫で冷やし固める。
4. 翌日、6mm角の網目のふるいで裏漉しし、天板にちらして170℃のオーブンで15分焼成する。
5. 4が冷めたら、Cをそれぞれ溶かして合わせたものをからめる。

＜クレムー・ショコラ＞

材料

75％チョコレート（ドモーリ社「アプリマク」）…424g
卵黄…11個分
グラニュー糖…110g　牛乳…544g
35％生クリーム…544g

作り方

1. チョコレートは湯煎にかけて溶かしておく。
2. 卵黄とグラニュー糖をすり混ぜ、合わせて沸騰直前まで温めた牛乳と生クリームを加え、ゴムべらで混ぜる。
3. 2を鍋に移して弱火にかけ、ゴムべらで混ぜながらしばらく炊く。
4. まわりの細かい泡が消えてきたら火からおろし、裏漉しして、氷水を当てて粗熱をとる。
5. 1に4を少量入れて軽く混ぜ、バーミキサーにかけて分離させる（a・b）。
6. 分離したら少しずつ4を加え、バーミキサーで乳化させるのをくり返し、なめらかなクリーム状にする（c）。
7. 直径4.5cm、高さ3cmのフレキシパンに6を流し、冷凍庫で冷やし固める。

＜ムース・ショコラ＞

材料

70％チョコレート（ヴァローナ社「フェーブ・グアナラ」）…570g
66％チョコレート（ヴァローナ社「フェーブ・カライブ」）…570g
64％チョコレート（ヴァローナ社「フェーブ・マンジャリ」）…135g
ソース・アングレーズ＜卵黄…216g　トリモリン…54g　グラニュー糖…54g
　牛乳…540g　35％生クリーム…540g＞
35％生クリーム…1764g

作り方

1. 3種類のチョコレートを湯煎にかけて溶かす。
2. 卵黄、トリモリン、グラニュー糖をすり混ぜた中に温めた牛乳と生クリームを加え、弱火で混ぜながら炊いて、ソース・アングレーズを作る。
3. 2を裏漉しして氷水で冷まし、＜クレムー・ショコラ＞の5〜6の工程と同様、1に2を加えながら、バーミキサーで乳化させる。
4. 生クリームを六分立てにし、3が35℃になったところで加えて、泡立て器などでさっくりと合わせる。

乳化を強固にするため一旦分離させてからつないでいく

a　アングレーズソースを炊き、氷水を当てて冷ましたら、湯煎で溶かしたチョコレートに少量加えて混ぜる。分離を促すため、水分は少量にとどめる。

b　空気が入らないようにバーミキサーにかけ、一旦ザラザラとして分離した状態にするのがポイント。こうすることで、このあと行う乳化がより安定する。

c　最初はアングレーズを少しずつ加えてバーミキサーにかけ、加えるたびにしっかりと乳化させる。まずきっちりと乳化状態を作り、それを広げるイメージでつなげると、写真のようにつややかでなめらかなクリームに。

▶次ページに続く

＜グラサージュ・ショコラ＞

材料

35％生クリーム…663g
水あめ…82g
トリモリン…100g
A＜グラニュー糖…900g　水…225g＞
板ゼラチン…35g
カカオプードル…250g

作り方

1. 生クリーム、水あめ、トリモリンを鍋に入れて沸騰させる。
2. Aを120℃まで煮詰めてシロップを作る。
3. 2に1を加えて合わせ、水でふやかしたゼラチンとカカオプードルを加える。
4. 3をバーミキサーにかけ、目の細かい漉し器で裏漉しする。

＜仕上げ＞

材料

金箔／デコール・ショコラ

作り方

1. シュトロイゼル・ショコラを15gずつ分割し、直径5.5cmのセルクルの底に広げて、冷蔵庫で冷やし固める。
2. フィルムの上に直径6cm、高さ4.5cmのセルクルを並べ、9番の丸口金をセットした絞り袋にムース・ショコラを入れて、六分目まで絞る。
3. 2の中央にクレミー・ショコラを1個沈め、再びムース・ショコラを九分目まで絞り、1をのせる。上からフィルムをのせて平らにし、冷凍庫で冷やす。
4. 3を逆さにしてセルクルからはずし、表面にグラサージュ・ショコラをかけ、金箔スプレーを吹き、デコール・ショコラを飾る。

デコール・ショコラ
グラサージュ・ショコラ
金箔スプレー
ムース・ショコラ
クレミー・ショコラ
シュトロイゼル・ショコラ

メティス

パティスリー カボ

表面にしっかり焼き色をつけたブリュレと、
口当たりのよいチョコレートムースがマッチ

チョコレートムースの間に、たっぷりとカソナードをふって焼き目をつけた香ばしいクレーム・ブリュレをしのばせて。粉を入れずにふんわりと焼き上げたビスキュイ・ショコラ・サンファリーヌは、なめらかなムースやブリュレと自然な一体感がある。

▶次ページに続く

recette （直径15cm×高さ5cm　6台分）

<クレーム・ブリュレ>

材料
- 卵黄…140g
- グラニュー糖…140g
- 35%生クリーム…980g
- バニラビーンズ…0.7g
- 板ゼラチン…9.1g
- カソナード…適量

作り方
1. 鍋に卵黄とグラニュー糖、生クリーム、バニラビーンズを入れ、火にかける。
2. 1があたたまったら、戻した板ゼラチンを加えて溶かす。漉してから粗熱をとる。
3. 直径12cm×高さ1cmのセルクルに、2を流し入れ、冷凍庫で冷やし固める。
4. 3を型から抜き、表面にカソナードをふり、焼きごてで焼き目をつける（a）。

<チョコレートムース>

材料
- A<グラニュー糖　252g　水…83g　卵黄…216g　全卵…90g>
- 35%生クリーム…900g
- 板ゼラチン…7.2g
- クーベルチュール…630g

作り方
1. 鍋にAのグラニュー糖と水を入れ、121℃になるまで煮つめる。
2. ミキサーボウルにAの卵黄と全卵を入れて泡立て、1を少しずつ加えながら高速のミキサーにかけ、冷めるまで撹拌する。
3. 300g分の生クリームはあたため、戻した板ゼラチンを加える。溶かしたクーベルチュールを加え、ハンドミキサーでしっかり乳化させる（b）。
4. 残りの生クリーム600gは七〜八分立てにする。
5. 2を半量に分け、3のガナッシュと4の生クリームにそれぞれ加えて混ぜ合わせる。最後にこれらをよく混ぜ合わせる（c）。

<ビスキュイ・ショコラ・サンファリーヌ>

材料
- メレンゲ<卵白…360g　グラニュー糖…112g>
- 卵黄…12個分
- ココアパウダー…105g
（d）

作り方
1. ミキサーに卵白を入れ、グラニュー糖を2〜3回に分けて加えながら、メレンゲをしっかりと立てる。
2. ミキサーの速度を落とし、軽くほぐした卵黄を一気に加える。
3. 2にココアパウダーを加えて、さっくり混ぜる。
4. 3を直径15cm大に絞り出し、160℃のオーブンで15分ほど焼く。

ブリュレに焼きごてでしっかり焼き目をつけて香ばしさを出す

ブリュレの表面にカソナードをたっぷりふって、焼き目をつける。焦がした香ばしさが味のアクセントになる。

ガナッシュは充分に乳化させパータボンブで固さを調整

ガナッシュはこのくらいなめらかになるようにしっかり乳化させる。

ガナッシュと生クリームはそれぞれ先にパータボンブで固さを合わせてから、最後に混ぜ合わせるとムラなく仕上がる。

底に敷く生地は、粉を入れないビスキュイ・ショコラ・サンファリーヌ

生地の材料となるのは卵白、グラニュー糖、卵黄、ココアパウダーのみ。粉類は入らないので、ふんわりと仕上がる。

<グラサージュ・ショコラ>

材料
水…450g
グラニュー糖…750g
水あめ…360g
ココアパウダー…360g
35%生クリーム…450g
板ゼラチン…45g

作り方
1. 鍋に水とグラニュー糖、水あめを入れて火にかけ、沸かす。
2. 1にココアパウダーを加え、鍋の縁がグツグツするまで炊く。
3. 2を火からおろし、生クリームと戻した板ゼラチンを加えて混ぜ、漉す。

<仕上げ>

材料
ナパージュ／チョコレート／粉糖

作り方
1. 型にチョコレートムースを半分くらいの高さまで入れ（e）、真ん中にクレーム・ブリュレを入れ、さらに上からチョコレートムースを流す（f）。
2. 1にビスキュイ・ショコラ・サンファリーヌをのせ（g）、冷凍庫で冷やし固める。
3. ボウルに網をのせて、型から抜いた2をおき、上からグラサージュ・ショコラをかける。上にナパージュを適量たらしてパレットでぼかし、粉糖をふったチョコレートを飾る。

型にチョコレートムースを入れたら側面にもきっちり広げる

ムースを型に入れ、境目がなじむよう、上側の側面にもムースを丁寧にのばす。

ムースの中心にブリュレを置き、周りにすき間なくぐるりとムースを絞って、真ん中にムースを流す。

仕上げにビスキュイ・ショコラ・サンファリーヌをのせ、冷やし固める。

アルパコ

パティスリー ユウ ササゲ

チョコレートの個性を
活かすべく構成はシンプルに

チョコレートをメインにシンプルな構成で仕上げた一品。口の中で溶ける過程で華やかな風味に変化する、独特の個性を持ったヴァローナ社のチョコレート「アルパコ」をガナッシュに使用。口溶けのよいビスキュイ・ショコラ・サン・ファリーヌを挟むことで、なめらかなガナッシュとの食感の差をなくし、「アルパコ」を主張させている。ラム酒の効いたシロップで、ガナッシュの重さを軽減させている。

recette（作りやすい分量）

デコール・ショコラ
マカロン・ショコラ
グラサージュ・ショコラ
ガナッシュ
ビスキュイ・ショコラ・サン・ファリーヌ

＜ ビスキュイ・ショコラ・サン・ファリーヌ ＞（でき上がり2200g）

材料
　65%チョコレート…580g　無塩バター…260g　卵黄…520g
　メレンゲ＜卵白…580g　グラニュー糖…320g＞

作り方
1. チョコレートとバターを混ぜながら湯煎で溶かし、溶きほぐした卵黄を加えて混ぜる。
2. 卵白にグラニュー糖の1/3を加えて泡立て、ボリュームが出てきたら残りのグラニュー糖を加えてゆるめのメレンゲを立てる。
3. 1に2のメレンゲをすべて加えて、ゴムべらで底からすくい上げるように合わせる。
4. シルパットを敷いた天板に37cm×57cmのカードルをはめ、3を1枚につき1100g流して、表面を均一にのばす。
5. 180℃のオーブンで12分焼成し、冷ましておく。

＜ ガナッシュ ＞（でき上がり4920g）

材料
　66%チョコレート（ヴァローナ社「アルパコ」）…1512g
　35%生クリーム…3180g　無塩バター…240g

作り方
1. 生クリームを沸騰させる。
2. ボウルにチョコレートとバターを入れ、1を加えてバーミキサーで乳化させる。

＜ シロップ ＞（作りやすい分量）
　シロップ（ブリックス30%）150gとラム酒150gを混ぜ合わせる。

＜ グラサージュ・ショコラ ＞

材料
　35%生クリーム…720g　水…870g
　カカオプードル…300g　グラニュー糖…1000g
　ナパージュ・ヌートル…300g　板ゼラチン…54g

作り方
1. 鍋に生クリーム、水、カカオプードル、グラニュー糖を入れて火にかけ、泡立て器で混ぜて溶かす（a）。
2. しばらく火にかけ、濃度が出てきたら再び泡立て器で混ぜながら103℃まで煮詰める（b）。
3. 火を止めてナパージュ・ヌートルを加えて混ぜ、再び点火してバーミキサーで混ぜながら煮立てる（c）。
4. 火を止めて水でふやかしたゼラチンを加え、混ぜ合わせてから漉す。

＜ 仕上げ ＞

材料
　マカロン・ショコラ、デコール・ショコラ

作り方
1. 37cm×57cmのカードルをはめた天板にガナッシュを1000g流し、冷凍庫で冷やし固める。
2. 1が固まったら、さらにガナッシュを1465g流し、ビスキュイ・ショコラ・サン・ファリーヌを1枚のせ、シロップを150g打って冷凍庫で冷やし固める。
3. 2に残りのガナッシュを流し入れ、ビスキュイ・ショコラ・サンファリーヌを1枚のせてシロップを打つ。
4. 40℃ぐらいに温めてバーミキサーで乳化させたグラサージュ・ショコラを均一にかけ、10cm×2.7cmにカットし、マカロン・ショコラとデコール・ショコラを飾る。

用途に合ったつやと
濃度になるよう
煮詰め温度を調節する

生クリーム、水、カカオプードル、グラニュー糖を中～強火にかけ、泡立て器で混ぜて均一に溶かし、弱火にして103℃まで煮詰める。

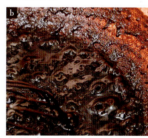

底が焦げないよう、泡立て器で混ぜながら温度を上げていく。温度が上がるとともろみが強くなり、黒いつやも出てくる。用途に合わせて温度を設定する。

103℃に達したらナパージュ・ヌートルを加え、泡立て器で混ぜて溶かす。溶けにくい場合は、バーミキサーを活用して均一に溶かす。

スフレ・ショコラ

メゾン・スヴニール

はかなくソフトな食感の中にビターなショコラの風味が広がる

口の中でフワッと溶けるやさしい食感の生地に仕上げるために、湯煎にかけて焼いている。ビターなチョコレートの味わいの中にグランマルニエがほのかに香る。上面に生クリームをたっぷり絞り、生チョコレート、ダンテルカカオ、フルーツを贅沢にあしらう。

recette （7号、直径21cm×高さ7.5cmの丸焼型　12台分）

＜スフレ・ショコラ＞

材料
- 卵黄…800g
- グラニュー糖…400g
- 溶かし無塩バター…900g
- カカオ分55％チョコレート…1000g
- 35％生クリーム…400g
- グランマルニエ…200g
- メレンゲ＜卵白…2800g　グラニュー糖…800g＞
- ココアパウダー…640g
- 薄力粉…200g

作り方
1. 卵黄とグラニュー糖を白っぽくなるまでよくすり合わせる。
2. バターとチョコレートを溶かし合わせ、1を加える（a）。
3. 2に人肌程度にあたためた生クリームとグランマルニエを合わせて加える（b）。
4. 卵白とグラニュー糖を合わせ、きめの細かいメレンゲを作る。
5. 4に3を合わせる。
6. 薄力粉とココアパウダーを合わせてふるい、5と合わせる。
7. 型に640gずつ流し、湯煎にかけ（c）、160℃のオーブンでダンパーを開けて30分焼く。

＜クレーム・シャンティー＞

材料
- 45％生クリーム…3000cc
- グラニュー糖…300g
- 板ゼラチン…10g

作り方
生クリームとグラニュー糖を合わせ、戻した板ゼラチンを加え、絞れるかたさになるまで泡立てる。

＜仕上げ＞

材料
- ピストレ・ショコラ／生チョコレート／ダンテルカカオ／ナパージュ・ルージュ／いちご／フランボワーズ／ミント

作り方
1. スフレ・ショコラの上面にクレーム・シャンティーを丸口金でうずまき状に絞り、さらにサントノーレ型の口金で外周を絞る（d）。
2. 1にピストレ・ショコラを吹きつける。
3. 上面にはいちご、フランボワーズ、ミント、ナパージュ・ルージュ、生チョコレートで飾りつけし、側面にダンテルカカオ（カカオのブロークンをまぶしたチュイル）を貼りつける。

生地は湯煎にかけてしっとりと焼き上げる

卵黄とグラニュー糖を白っぽくなるまで合わせてから、溶かしたチョコレートとバターに加える。

さらに生クリームと合わせる。この後、メレンゲ、粉類（薄力粉とココアパウダー）を順に合わせていく。

湯を張ったバットにのせ、オーブンに入れて湯煎焼きにし、しっとりと焼き上げる。

サントノーレ型の口金でクリームをたっぷり絞る

コクのある45％生クリームを使用。仕上げに表面にピストレ・ショコラを吹きつける。

ヌメロ ドゥー

パティスリー ユウ ササゲ

キャラメリゼしたホワイト
チョコレートをムースに。
ジャスミンティーのクリームが
濃厚なムースと調和する

濃厚なホワイトチョコレートのムースに、ジャスミンティーのクリームを合わせた。ジャスミンティーの香りや苦味がムースをさっぱりと食べさせ、味わいの輪郭をはっきりとさせる効果もある。中に潜むビスキュイ・ジョコンドも表面をキャラメリゼし、味わいにメリハリを出す。

recette （作りやすい分量）

＜パート・サブレ＞（直径7cmのセルクル80個分）

材料
- 薄力粉…305g
- アーモンドプードル…351g
- 無塩バター…375g
- 粉糖…186g
- 全卵…63g

作り方
1. 薄力粉とアーモンドプードルを合わせてふるっておく。
2. 作業台の上で1とバターをすり合わせ、粉糖と溶きほぐした全卵を加えて混ぜ合わせ、ひとまとめにして冷蔵庫で一晩ねかせる。
3. 2を2mm厚にのばし、直径7cmのセルクルで抜き、160℃のオーブンで15～20分焼成する。

＜ビスキュイ・ジョコンド＞（60cm×40cmの天板2枚分）

材料
- 全卵…500g　トリモリン…30g
- A＜粉糖…375g　薄力粉…100g　アーモンドプードル…375g＞
- メレンゲ＜卵白…325g　グラニュー糖…60g＞　無塩バター…75g

作り方
1. 全卵にトリモリンを混ぜ、Aを加えて泡立てる。
2. 卵白にグラニュー糖を数回に分けて加えながら、しっかりしたメレンゲを立てる。
3. 1に2の1/3量を加えてゴムべらで混ぜ、残りの2を加えてゴムべらでさっくり混ぜ、溶かしバターを加えて混ぜる。
4. 3を天板に流し、185℃のオーブンで12分焼成する。
5. 粗熱をとって焼き面を下に置き、全体にグラニュー糖（分量外）を軽くふって焼きごてでキャラメリゼする。これをもう一度くり返して、常温で冷ます。

＜クレーム・ジャスマン＞（40個分）

材料
- 35%生クリーム…740g
- 牛乳…250g
- ジャスミンティーの茶葉…22g
- 卵黄…222g
- グラニュー糖…123g
- 板ゼラチン…7.7g

作り方
1. 鍋に生クリームと牛乳を入れて沸騰させ、ジャスミンティーの茶葉を加えて5分ほど煮出す（a）。
2. 1をシノワで漉しながら別鍋に移し、シノワに残った茶葉をへらで押して液を残さず絞り出し（b）、再び火にかけて沸騰させる。
3. 卵黄とグラニュー糖をすり混ぜ、2を加えて混ぜ、鍋に戻し入れて83℃になるまで炊く。
4. 火を止め、水でふやかしたゼラチンを加えて溶かし、シノワで漉して氷水で冷やす。

＜ムース・ショコラ・キュイ＞（40個分）

材料
- ホワイトチョコレートのキャラメリゼ★…684g
- シロップ＜グラニュー糖…54g　水…20cc＞
- 卵黄…82g
- 35%生クリーム…1026g
- 板ゼラチン…9g

ジャスミンティーの香りとほろ苦さを移したクリームを作る

生クリームと牛乳を沸騰させた中にジャスミンティーの茶葉を加え、5分ほど煮出す。ここで、ジャスミンの香りを移しておく。

ジャスミンの葉はかたく、漉した後に残った茶葉にも濃い抽出液が残る。茶葉をへらで押して液をしっかり絞り出し、香りとほろ苦さを余さず使い切る。

▶次ページに続く

作り方

1. グラニュー糖と水を116℃まで煮詰めて、シロップを作る。
2. ミキサーに卵黄を入れて攪拌し、白っぽく立ったら1を少しずつ入れながらさらにもったりするまで攪拌する。
3. ボウルにホワイトチョコレートのキャラメリゼを入れて湯煎にかけ、40〜45℃まで温める。
4. 生クリームを六〜七分立てにする。
5. 別のボウルに水でふやかしたゼラチンを入れ、4を少量混ぜて湯煎にかけ、ゼラチンを溶かす。
6. 3に4の1/3量を加えてゴムべらで混ぜ、5を加えて混ぜ、2を加えて混ぜる。最後に残りの4を加えて、さっくりと混ぜる。

<グラサージュ・ショコラ・キュイ> (でき上がり715g)

材料
- 35% 生クリーム…210g
- 水…100mℓ　ナパージュ・ヌートル…330g
- 板ゼラチン…7.5g
- ホワイトチョコレートのキャラメリゼ★…75g

作り方

1. 鍋に生クリーム、水、ナパージュ・ヌートルを入れて沸騰させ、火からおろし、ふやかしたゼラチンを加えて溶かす。
2. ボウルにホワイトチョコレートのキャラメリゼを刻んで入れる。
3. 2に1を加えてバーミキサーにかけて乳化させ、冷蔵庫で一晩ねかせる。

<組み立てと仕上げ>

ホワイトチョコレートのキャラメリゼ★、デコール・ショコラ

作り方

1. ビスキュイ・ジョコンドのキャラメリゼした面を上におき、直径5.5cmのセルクルで抜いてそのままおいておく。別に、直径6cmのセルクルでも抜いて、セルクルからはずす。
2. 1のビスキュイ・ジョコンドを敷いた直径5.5cmのセルクルに、クレーム・ジャスマンを30gずつ流し入れ、急速冷凍する。
3. 天板に透明フィルムを張り、直径7cm×高さ3cmのセルクルを並べる。
4. 直径1.5cmの丸口金をセットした絞り袋にムース・ショコラ・キュイを入れ、3のセルクルに半分ぐらいの高さまで絞り入れる。
5. 2をセルクルからはずし、ビスキュイ・ジョコンドを下にして4の中央に押し入れ、まわりのムース・ショコラ・キュイをへらでならす。
6. 1の直径6cmのビスキュイ・ジョコンドをキャラメリゼ面を上に向けておき、上から透明フィルムを貼って平らにし、急速冷凍する。
7. グラサージュ・ショコラ・キュイを湯煎で40℃に温める。
8. 6をセルクルから抜き、上からフォークで刺して7に浸し、裏返してフォークを抜いて全体にコーティングし、パート・サブレの上にのせる。
9. 冷やし固めたホワイトチョコレートのキャラメリゼをナイフで削ってかけ、デコール・ショコラを飾る。

> **ホワイトチョコレートのキャラメリゼ★**
> ホワイトチョコレートを天板にのせ、100〜110℃のオーブンで1時間〜1時間20分焼成する。途中、15〜20分おきにへらで混ぜて、均一に火を通す。これをロボクーブにかけてなめらかにする（c・d・e）。

低温のオーブンでホワイトチョコをじっくり焼く

ホワイトチョコレートを天板にのせて100〜110℃のオーブンに入れて焼成開始。15分ぐらいたったら、へらで全体を混ぜる

さらに15分ほど焼成する。徐々に色づいてくる。プラリネづくりのような感覚

1時間20分ほどで焼成終了。焼くことでメープルのような旨味が出てくる。均一に色づくよう、パレットで混ぜながら低温でじっくり焼くのがポイント

マリア

ル スリール ダンジュ

パッションフルーツの香りを加えた
ホワイトチョコレートのムースに
ブラッドオレンジのジュレを

テーマは食感の違い。軽く口溶けのよいムースの中からは甘酸っぱいジュレが。最後にサクサクのサブレと、驚きのあるケーキに仕上げた。天使の羽をイメージしたホワイトチョコレートの飾りと、上にのせたフルーツで表情豊かに。

▶次ページに続く

recette（直径5.5 cm、高さ5cmのセルクル型　70個分）

<ムース・ショコラ・ブラン>

材料

パッションフルーツのピューレ…500g
グラニュー糖…220g　卵黄…470g
ホワイトチョコレート（エルレイ社、イコア）…600g
35％生クリーム…1700g　板ゼラチン…30g

作り方

1. 鍋にパッションフルーツのピューレ、グラニュー糖、卵黄を入れて中火にかけ、絶えずかき混ぜながら84℃まで加熱する（a）。ミキサーに移し、高速で混ぜてなめらかなパータ・ボンブを作る（b）。
2. ホワイトチョコレートを40〜43℃に溶かし、七分立てにした生クリームの1/3量を混ぜて完全に乳化させ（c）、湯煎にかけて40℃くらいに調整する。
3. 残りの生クリームに2と1、戻した板ゼラチンを加える。ゴムべらを使って気泡をつぶさないようにしながら、ゼラチンが全体にいきわたるように混ぜ合わせる（d）。

<ブラッドオレンジのジュレ>

材料

100％ブラッドオレンジジュース…1000g
グラニュー糖…280g
オレンジアロマ…40g　板ゼラチン…10g

作り方

1. 鍋にブラッドオレンジジュース、グラニュー糖、オレンジアロマを入れて加熱し、80℃になったら火から下ろす。
2. 1に戻したゼラチンを入れてなじませ、漉しながら高さ1cm程の容器に流す。粗熱を取って冷凍する。

<ジェノワーズ> 60cm×40cm、3枚分

材料

全卵…800g　グラニュー糖…600g　薄力粉…450g
バター…125g　牛乳…30g

作り方

1. 全卵とグラニュー糖を合わせ、湯煎にかけて人肌程度にあたためながらよく泡立てる。
2. 1にふるった薄力粉と、バターと牛乳を合わせて溶かしたものを加え、よく合わせる。
3. 2を天板に1枚あたり620g流し、200℃のコンベクションオーブンで約10分焼く。粗熱が取れたら直径6cmの丸型で抜く。

<パート・サブレ>

材料

バター…2000g　粉糖…1330g　全卵…600g
アーモンドパウダー…800g　薄力粉…1800g
準強力粉（日清製粉「リスドオル」）…930g

作り方

1. ボウルにバターと粉糖を入れてよくすり混ぜ、全卵を少しずつ加えながらビーターで混ぜ合わせる。全体が均一になったらアーモンドパウダーを加えてよく混ぜる。
2. 1にいっしょにふるっておいた薄力粉と準強力粉を入れ、軽くさっくりと混ぜる。
3. 2を冷蔵庫でやすませた後、2.5mm厚さにのばし、直径6cmの丸型で抜き、天板に並べて160℃のコンベクションオーブンで15分焼く。

ムース・ショコラ・ブランは合わせる温度がポイント

a 温度を上げすぎると卵黄が固まるので、絶えずかき混ぜ、84℃を維持しながら加熱する。

b ミキサーに移して充分に空気を含ませ、パータ・ボンブを作る。

c ホワイトチョコレートに生クリームの1/3量を合わせ、このくらいしっかり乳化させる。

d 残りの生クリームとパータ・ボンブをよく合わせる。

＜クレーム・シャンティー＞

材料
42％生クリーム…200g　35％生クリーム…100g
フロストシュガー…24g

作り方
生クリームにフロストシュガーを加え、完全に立てる。

＜ピストレ・ショコラ・ブラン＞

材料
カカオバター…200g
ホワイトチョコレート…150g

作り方
材料を合わせ、湯煎にかけて溶かす。

＜仕上げ＞

フランボワーズ／いちご／ナパージュ・ヌートル／フランボワーズペパン／ホワイトチョコレート

作り方
1. 型にムース・ショコラ・ブランを半分の高さまで絞り入れる。真ん中に3cm角に切ったブラッドオレンジのジュレを入れ（e）、上に残りのムース・ショコラ・ブランを型の高さの5mm下まで絞り入れる。
2. 直径5.5cm大に抜いたジェノワーズで1にふたをし（f）、冷蔵庫で冷やし固める。
3. 2が固まったら型から抜き、表面にピストレ・ショコラ・ブランを吹きつける。
4. パート・サブレの表面にホワイトチョコレートを塗り、上にクレーム・シャンティーを絞り、3をのせる。フランボワーズと縦半分に切ったいちごをのせ、ナパージュ・ヌートルを塗り、フランボワーズペパンを絞る。側面に羽状のホワイトチョコレートを貼りつける。

組み立ては
セルクルで逆さに仕込む

セルクルで逆さ仕込みに。ジュレは冷凍しておき、ムースに入れる直前に手早く切る。

ムースを絞った上にジェノワーズをのせる。店頭に出す直前にサブレで仕上げる。

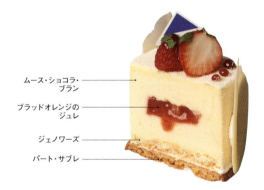

ムース・ショコラ・ブラン
ブラッドオレンジのジュレ
ジェノワーズ
パート・サブレ

岩間栗のモンブラン

パティスリー コサイ

地元名産の高級和栗を使い、ホクホク感と上品な香りを強調

茨城県のブランド栗である「岩間栗」を贅沢に使ったモンブラン。和栗は輸入物に比べて香りが高く、ホクホクとした食感が楽しめる一方、甘味が弱いので、合わせるクリームを甘めにして調節。ペーストには皮付きと皮無しの2種を合わせてより深い味わいに。中に仕込む栗は、柔らかく炊き上がる2Lサイズを仕入れる。

recette（60個分）

<ムラング・スイス> ※分量は基本配合

材料
卵白…375 g　グラニュー糖…550 g　トレハロース…125 g
バニラシュガー…小さじ1/2　コーンスターチ…75 g　スキムミルク…25 g

作り方
1. 卵白にグラニュー糖、トレハロース、バニラシュガーを加え、55～60℃に温めて、メレンゲを立てる。
2. コーンスターチ、スキムミルクを加え、天板に丸口金で絞り出し、140℃のオーブンで25～35分焼く。

<クレーム・パティシエール>

材料
牛乳…1000g　グラニュー糖…165 g　バニラ（タヒチ産）…1/4本
バニラ（マダガスカル産）…1/4本　冷凍卵黄…250 g　薄力粉…40 g
コーンスターチ…40 g　無塩バター…50 g

作り方
1. 牛乳にバニラビーンズ、少量のグラニュー糖を加えて沸かす。
2. 冷凍卵黄に残りのグラニュー糖を加え、白くもったりするまで混ぜ合わせる。ふるっておいた薄力粉とコーンスターチを加えて混ぜ合わせる。
3. 2に1を混ぜ合わせて火にかけ、混ぜながらゆっくりと加熱し、とろみがでてきたらやわらかくしておいたバターを加え、表面につやがでるまで混ぜる。

<クレーム・シャンティ>

材料
45％生クリーム…2000g　粉糖…180 g

作り方
生クリームに粉糖を加え、しっかりと泡立てる。

<モンブランクリーム>

材料
蒸栗ペースト…2000g　衣栗ペースト…1000g
バター…675 g　練乳…100 g　45％生クリーム…525 g
栗リキュール（ドーバー）…65 g
ディロンラム（ドーバー）…45 g

作り方
1. 蒸栗ペースト、衣栗ペースト、ポマード状のバターを順にビーターで混ぜ合わせる。練乳、生クリームを加え、栗リキュール、ラム酒をふる。
2. 20メッシュの漉し器で裏漉す。

<仕上げ>

材料
パータグラッセ（市販）／くるみ（皮なし）／衣栗（岩間産／2Lサイズ）／バニラシュガー

作り方
1. 土台のムラング・スイスにパータグラッセを塗って乾かす（a）。
2. クレーム・パティシエールを渦巻状に絞り、ローストしたクルミを1個につき3～4gほど、手で割りながら散らす。
3. 栗を半分に切って中央にのせ、栗を覆うようにクレーム・シャンティーをらせん状に絞り、モンブランクリームを絞りかける（b）。
4. 冷凍庫で軽く冷やし固めたら、余分なモンブランクリームをパレットナイフで切り取り、粉糖を手粉にして側面をならし（c）、バニラシュガーをふるいかける。

美しい丸型を目指し、中の形成は丁寧に

a. サクサクと口溶けのよいムラング・スイスを食感のアクセントに。パータ・グラッセ・ノワールを塗って湿気止めを。

b. きれいな丸型になるよう、中のクレーム・シャンティーは丁寧に絞る。モンブランペーストは端から中央へ絞ると型崩れしない。

c. 粉糖を手粉にして、モンブランクリームの切れ端部分を軽く押さえ、形を整える。

モンブラン

パティスリー ラ プラージュ

2種のクリームとメレンゲで
味、食感に変化を出し
ベーシックなおいしさを
新鮮なものに

中心はコクのあるクリーム、周囲は軽いクリーム、しっかり焼いたメレンゲを土台に。オーソドックスなケーキも作り方で味わいが変わる。

recette （作りやすい分量）

- マロングラッセ
- マロンクリーム（シャンティーベース）
- マロンクリーム（パティシエールベース）
- 渋皮付き栗
- ジョコンド
- メレンゲ

＜メレンゲ＞（35個取丸型2枚分）

材料
- 卵白…250g
- A＜グラニュー糖…375g　コーンスターチ…10g＞

作り方
1. 卵白にAを数回に分けて加え、メレンゲを作る（a）。
2. 型にメレンゲを絞り、表面を平らにする（b・c）。90℃のコンベクションオーブン（平窯は上火80℃／下火75℃）で乾燥焼きする。

＜ジョコンド＞（60cm×40cmのフランス天板2枚分）

材料
- A＜タンプータン…290g　アーモンドプードル…65g＞
- 全卵…6個　卵白…200g　グラニュー糖…130g
- 薄力粉…60g　焦がし無塩バター…50g

作り方
1. ふるったAに全卵を加えてよく混ぜる。
2. 卵白とグラニュー糖でメレンゲを作る。
3. 2を1に加えて混ぜながら、ふるった薄力粉、焦がしバターを加える。
4. 天板に流し、平らにならす。230℃のコンベクションオーブンで6分間焼成する。
5. 直径4cmの丸抜き型で抜く。

＜マロンクリーム1＞

材料
- マロンペースト…200g　無塩バター…200g
- クレーム・パティシエール★…200g

作り方
1. マロンペーストとバターをすり合わせ、クレーム・パティシエールを加え混ぜる。
2. 1個約8gで絞り、冷凍庫で固める。

＜マロンクリーム2＞（モンブラン8個分）

材料
- クレーム・シャンティー（45％生クリーム、粉糖1割）…360g
- クレーム・マロン…120g　カカオプードル…少々

作り方
生クリームに1割の粉糖を加えてしっかり立て、クレーム・マロン、カカオプードルを加え混ぜる。

＜仕上げ＞

材料
渋皮付き栗／粉糖／カカオプードル／マロングラッセ／ナパージュ・ヌートル

作り方
1. メレンゲにジョコンド、渋皮付き栗の半割、マロンクリーム1をのせる。
2. マロンクリーム2を絞り、粉糖、カカオプードルをふり、マロングラッセをのせ、ナパージュ・ヌートルで仕上げる。

クレーム・パティシエール★
＜材料＞牛乳…1000cc　バニラビーンズ…1/2本
A＜卵黄…240g　グラニュー糖…150g　薄力粉…70g＞
＜作り方＞
牛乳、バニラビーンズを沸かし、Aを加えて炊き上げる。

メレンゲは乾燥するまでしっかり焼く

a　卵白、グラニュー糖とコーンスターチを全立てにし、しっかりしたメレンゲを作る。

b　絞り袋にメレンゲを入れ、かたくならないうちに手早く絞る。型を水に潜らせておくと後ではずしやすい。

c　表面を平らにし、型からはずし、オーブンで乾燥焼きする。捨て窯（一日の最後の使用時）に入れて一晩おいてもよい。

モンブラン

ペリ亭

焼き栗を使ったマロンクリームと渋皮煮
ひとつまみのカカオビーンズが作る大人の味わい

大きな栗をまるごと2個のせた贅沢なモンブラン。マロンクリームは焼き栗のペーストを使って栗の味わいをより強くし、さらに砕いたカカオビーンズを入れて風味を出している。食べた人が気づかないほど薄いジェノワーズを台底にしのばせ、パイの食感に大きな効果を上げているのも見逃せない。

recette （作りやすい分量）

<パイ生地>
材料
強力粉…500g　薄力粉…500g　塩…20g　水…500g
溶かし発酵バター…100g　折り込み用発酵バター…800g

作り方
1. 粉、塩、水、溶かしバターでデトランプを作る。
2. バターを折り込む。三つ折り2回を3回（計6回）やすませながら折る。
3. 型にパイ生地を敷き込み、空焼きする。

<ジェノワーズ>
材料
卵…150g　砂糖…80g　薄力粉…80g　無塩バター…20g　牛乳…10g

作り方
1. 卵と砂糖を泡立て、薄力粉を加え、混ぜる。
2. 溶かしたバター、牛乳を加えて生地を仕上げ、天板に流して180℃で焼く。

<カスタードクリーム>
材料
バニラ…適量　牛乳…1000cc　卵黄…160g
砂糖…160g　薄力粉…40g
コーンスターチ…50g　無塩バター…150g
シャンティークリーム★…200g

作り方
1. 卵黄と砂糖をすり合わせ、薄力粉とコーンスターチを加えて混ぜる。
2. バニラを加えて沸騰させた牛乳を1に加えて炊き上げる。
3. バターを加えたら、冷ましてシャンティークリームと合わせる。

<シュー生地>
材料
牛乳…125g　水…125g　無塩バター…120g　塩…適量
砂糖…5g　薄力粉…200g　全卵…6個

作り方
1. 牛乳、水、バター、塩、砂糖を合わせて沸かし、薄力粉を加えて混ぜる。
2. 卵を加えて生地を仕上げ、天板に絞る。上火190℃、下火210℃で焼く。

<モンブランのクリーム>
焼き栗のペースト100gと無塩バター100g、ラム酒適量を合わせて立てる。

<仕上げ>
材料
カカオビーンズ／栗（渋皮煮）／シャンティークリーム★

作り方
1. パイの中に薄くスライスしたジェノワーズを入れ（a）、カスタードクリームを絞り、再びジェノワーズをのせる。
2. カスタードクリームを絞り、栗とプティシューをのせる。
3. 中心にカカオビーンズを適量のせ（b）、カスタードクリームを絞る。
4. その上にシャンティークリームを絞り、モンブランのクリームを絞る（c）。

シャンティークリーム★
生クリーム1000ccと砂糖50gを合わせて立てる。

ジェノワーズで湿気を防ぐ

湿気防止に、ごく薄切りにしたジェノワーズをパイの底とクリームの間に1枚しのばせる。

カカオビーンズで味わいを増す

渋皮煮とシューの間にカカオビーンズをふる。苦み、香ばしさ、カリッとした食感が加わる。

クリームに焼き栗のペーストを使用

マロンクリームは焼き栗のペーストで作ると香ばしい風味が出る。

マロニエ

アグレアーブル

栗のバタークリームとアーモンド生地のみの
シンプルな構成を引き立てる、キャラメリゼの香ばしさ

3層に重ねたマロンクリームとビスキュイ・ジョコンドを味わうシンプルなガトー。アグレアーブルのクレーム・オ・ブールは、メレンゲベースのバタークリームにアングレーズを加えたリッチなおいしさ。これに栗を混ぜたクレーム・オ・マロンは、ブランデーの香りをやや強めにつけ、大人好みのシックな味わいに。最初に口に入れた時の決め手となる表面のキャラメリゼは、パリッとした状態が持続するように2回焼く。

recette（作りやすい分量）

＜ビスキュイ・ジョコンド＞（60cm×40cmの天板6枚分）

材料
A＜アーモンドプードル…500g　粉糖…500g　卵黄…400g　卵白…400g＞
B＜卵白…1000g　グラニュー糖…600g＞
薄力粉…450g　溶かし無塩バター…100g

作り方
1. Aをミキサーにかけ、白っぽくなるまでビーターで立てる。
2. Bで七〜八分立てのメレンゲを作る。
3. 1をボウルに移し、ふるった薄力粉、2を加えてゴムべらで混ぜ合わせる。
4. 3に溶かしバターを一度に入れて混ぜ、天板に分け入れる。
5. 上火・下火とも230℃のオーブンに入れ、6分焼く。
6. 38.5cm×29.5cm×高さ4.5cmのカードルに合わせてカットし、4枚用意する。

＜クレーム・オ・マロン＞（仕込み量）

材料
クレーム・オ・ブール★…1000g
マロンペースト（サバトン社）…500g
マロンクリーム（サバトン社）…500g
V.S.O.P コニャック…100mℓ

作り方
材料すべてをミキサーに入れ、しっかり立てる。

＜ブランデーのアンビバージュ＞（仕込み量）

材料
シロップ（ボーメ30°）…300g
V.S.O.P ブランデー…300g　水…600g

作り方
材料すべてを混ぜ合わせる。

＜仕上げ＞

材料
グラニュー糖／マロンシロップ漬け（サバトン社）／ナパージュ・ヌートル

作り方
1. 38.5cm×29.5cm×高さ4.5cmのカードルにビスキュイ・ジョコンドを敷く。
2. ブランデーのアンビバージュを塗り、クレーム・オ・マロン（500g）を塗り広げる。これをもう2回繰り返し、最後にビスキュイ・ジョコンドをのせ、冷凍する。
3. 3.4cm×8cmにカットし、表面にグラニュー糖をかけ、熱したキャラメライザー（焼きごて）でキャラメリゼする（a・b）。もう一度繰り返してパリッとした飴状にする。状態をみて足りないようならもう一度焼く（c）。
4. 上面にナパージュ・ヌートルを塗り、マロンシロップ漬けを半割にして飾る。

クレーム・オ・ブール★
＜材料（仕込み量）＞A＜卵白…300g　グラニュー糖…600g　水…200g
　無塩バター（タカナシ乳業）…900g＞
B＜卵黄…60g　グラニュー糖…30g　牛乳（タカナシ乳業）…150mℓ＞
＜作り方＞
1. クレーム・オ・ブール・ア・ラ・ムラングを作る。Aのグラニュー糖と水でシロップを沸かし、117℃に煮詰め、ミキサーで泡立てた卵白に加え、しっかりしたメレンゲになったら、室温に戻したバターを加えて混ぜる。
2. アングレーズを作る。銅鍋にBの卵黄とグラニュー糖を入れてブランシールし、沸かした牛乳を加えて混ぜたら火にかけ、泡立て器で混ぜながら底から気泡が出るまで充分に炊き、鍋底を氷水に当てて10℃以下に冷ます。
3. 1と2を合わせ、ミキサーでよく立てる。

キャラメリゼ＋ナパージュ・ヌートル
マロンシロップ漬け
クレーム・オ・マロン
ビスキュイ・ジョコンド＋ブランデーのアンビバージュ

キャラメリゼは2回行ってしっかり飴化させ、時間経過による湿気に対応

a　ビスキュイ・ジョコンドとクレーム・オ・マロンを組み立てて冷凍したものをカットし、表面にグラニュー糖をかける（表面を下にしてグラニュー糖を入れたバットにつけてもよい）。

b　熱しておいたキャラメライザー（焼きごて）をグラニュー糖に当てる。1回目は砂糖が溶ける程度なので、再度グラニュー糖をかけ、キャラメリゼする。

c　時間が経ってもパリッとした状態が失われないようにするには、グラニュー糖をかけてキャラメライザーで焼く作業を繰り返し、しっかり飴化させること。様子を見て3回行ってもよい。

モンブラン

ピエール・プレシュウズ

チーズの風味を効果的に生かし、栗を「しっとりしたおいしさ」で表現

スペシャリテの条件を、広く知られているお菓子であること、オリジナリティーがあることと捉える同店のシェフは、スペシャリテとして一番人気の「モンブラン」を挙げる。土台、クリーム、栗という一般的な三要素はそのままに、各要素をそれぞれグレードアップ。クリームはマスカルポーネを使って乳風味を増し、マロンクリームはシート状にして、絞るより一層しっとりした食感に。デザインも味わいも独創的な一品。

recette（作りやすい分量）

＜パート・シュクレ＞（直径6cmの円形 約40個分）

材料
- 発酵無塩バター（よつ葉乳業）…150g
- 粉糖…100g
- 全卵（小）…1個
- アーモンドプードル…35g
- 薄力粉…280g

作り方
1. 室温に戻してやわらかくしたバターに粉糖を加え、空気が入らないように木べらですり混ぜる。
2. 溶いた全卵を3回に分けて1に加え、乳化させながら混ぜる。
3. アーモンドプードルとふるった薄力粉を2に入れ、さっくり混ぜる。
4. 3をラップに包み、冷蔵庫で一晩ねかせる。
5. 4を厚さ約2mmにのばし、ピケをしてから直径6cmの丸抜き型で抜く。
6. 180℃のオーブンに入れ、約15分焼く。

＜クレーム・キュイ＞（直径4cm×高さ2cmのシリコン型 約18個分）

材料
- A＜35％生クリーム（中沢）…250g　卵黄…4個分
  グラニュー糖…40g　バニラビーンズ…1/3本＞
- 板ゼラチン…3.5g
- 和栗の渋皮煮（刻み）…適量

作り方
1. Aでアングレーズを作る。裂いたバニラビーンズを入れた生クリームを沸騰寸前まで温め、卵黄とグラニュー糖をよく混ぜ合わせたところに加え、弱火で82℃くらいになる（とろみが強くつく）まで炊く。
2. 火からおろし、あらかじめ水でふやかしたゼラチンを入れ、溶かす。
3. 2を漉して別のボウルに入れ、氷水に浸けて人肌まで冷ます。
4. 3を型に入れ、刻んだ和栗の渋皮煮を散らし、冷凍庫で冷やし固める。固まったら型をはずして、冷凍保存する。

＜クレーム・モンブラン＞（約15個分）

材料
- A＜35％生クリーム（中沢）…400g　グラニュー糖…40g＞
- マスカルポーネ（ガルバーニ）…125g
- 板ゼラチン…4g

作り方
1. Aをあらかじめバサバサになるくらいまでミキサーで泡立てておく。
2. マスカルポーネをボウルに入れ、湯煎で完全に溶かす。
3. 熱く溶けたマスカルポーネに、あらかじめ水でふやかしたゼラチンを入れ、溶かす。
4. 3を冷水で冷たくなるまで冷やし、1に一気に合わせ混ぜる（a）。1は混ぜる直前に泡立て器できめを整える。
5. 丸口金をつけた絞り袋に4を入れ、直径6cm×高さ8cmの円錐形の型の半分の高さまで絞り入れ（b）、冷凍しておいた＜クレーム・キュイ（上記）＞を入れ、型いっぱいまで4を絞る（c）。上面をパレットなどで平らにならす。
6. 冷凍庫に入れて冷やし固める。固まったら型をはずして冷凍保存する。

クレーム・モンブランにクレーム・キュイを埋めるように入れる

しっかり立てた生クリームにマスカルポーネを加えて混ぜ、クレーム・モンブランを作る。生クリームはバサバサになるくらいまで泡立てておくことがポイント。

円錐形の型の高さの七分目くらいまでクレーム・モンブランを絞り入れる。

クレーム・モンブランの中に冷凍しておいたクレーム・キュイを入れ、静かに押し込み、再びクレーム・モンブランを絞り入れて型を満たし、表面をパレットで平らにする。

▶次ページに続く

＜クレーム・マロン＞ (約12個分)

材料
A＜マロンペースト（サバトン社）…300g　マロンペースト（アンベール社）…200g＞
発酵無塩バター（よつ葉乳業）…125g
B＜ラム酒…適量　シナモンプードル…適量　コーヒーエッセンス…適量　粒胡椒（粗挽き）…適量＞　※粒胡椒はなくてもよい。

作り方
1. Aを合わせ、やわらかくなるまで高速のミキサーでよく混ぜる。常温におく。
2. バターを少しかためのポマード状にし、Aを入れてしっかり混ぜる。
3. 好みの量のBを2に入れ混ぜる（入れ過ぎに注意）。
4. 天板を逆さにし、3をL字型のパレットで厚さ約3mmにのばす（直径18cmのセルクルが3個入るくらいの大きさにする）。
5. パレットで軽く筋目をつけて模様を入れ、冷凍庫で完全に固まるまで冷やす。

＜仕上げ＞

材料
粉糖（プードル・デコール）

作り方
1. パート・シュクレの上にクレーム・モンブランをのせ、冷蔵庫に入れる。
2. クレーム・マロンを冷凍庫から出し、出したらすぐ天板下面を火であぶり、パレットで奥から手前に手早くそぎ取る（d・e）。
3. 2を直径18cmのセルクルで3枚抜き、それぞれを2等分にカットする（f）。モンブラン1台に半月形1枚を使う。
4. 3が少しやわらかくなったら1に巻き（g）、粉糖をたっぷりふる。

クレーム・マロンは緩めてから使う

薄くのばして冷凍庫で固めたクレーム・マロンをそぎ取る。きれいにそぎ取るために、天板をさっと火にかざして、少しだけゆるめておくとよい。手早くすること。

天板とクレーム・マロンの間にパレットを差し込み、クレーム・マロンを傷つけないように天板からそぎ取る。

シート状のクレーム・マロンを直径18cmのセルクルで抜き、2等分して半月形にする。

半月形の直線を上にして、円錐形のクレーム・モンブランをおおう。着物を着せる要領で巻きつけ、重なった部分を軽く押さえてととのえる。

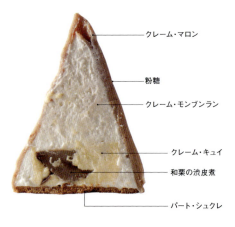

- クレーム・マロン
- 粉糖
- クレーム・モンブラン
- クレーム・キュイ
- 和栗の渋皮煮
- パート・シュクレ

chapter 3
Spécialités de noix et de caramel, café, thé

ナッツ、キャラメル、コーヒー、
お茶系のスペシャリテ

メープルキャラメル

パティスリー エキュバランス

キャラメルとアーモンドが
メープルの独特の風味を引き出す

ビスキュイ・エラブル、バニラとキャラメル風味のクレーム・オ・ブールを交互に重ねたケーキ。秋冬の商品だったがお客の要望で通年商品になったもの。

recette（60個分）

<ビスキュイ・エラブル>（60cm×40cmのフランス天板4枚分）

材料
A<全卵…970g　卵黄…840g　グラニュー糖…200g
　　メープルシュガー…260g　水飴…200g>
B<薄力粉…488g　コーンスターチ…100g　メープルシュガー…88g>
牛乳…240g　溶かし無塩バター…210g

作り方
1. Aを36℃に熱し、ミキサーで泡立て、止める直前に熱い牛乳を混ぜる。
2. Bを合わせてふるい、1に数回に分けて加え混ぜ、最後に溶かしバターを混ぜる。
3. 天板に流し入れ、上火200℃、下火160℃のオーブンで約9分焼く。

<クレーム・オ・ブール　キャラメル>

材料
フレッシュバター（無塩）…900g
キャラメル★…373g　バニラ原液…2滴
A<卵白…300g　グラニュー糖…600g　水…200g>

作り方
1. バターをポマード状にし、キャラメルを3回位に分けて加え混ぜ、バニラ原液を混ぜる。
2. Aでイタリアンメレンゲを作り、1に加えて合わせる。

<飾りアーモンド>（でき上がりの分量のうち適量を使用）

材料
メープルシュガー…325g　水…250g
アーモンドスライス…1000g

作り方
1. メープルシュガーと水を合わせて沸騰させる。
2. アーモンドに1をからめ、シルパットに広げる（a）。
3. 上火170℃、下火150℃のオーブンで約30分間焼き、割れないようにほぐす（b）。

<アンビバージュ>

材料
水…300g　黒糖…100g　メープルシュガー…50g

作り方
すべての材料を合わせる。

<仕上げ>
1. 溶かしたミルクチョコレート（分量外）と飾りアーモンド（破片でよい）を混ぜ、ビスキュイ・エラブルに塗り、塗った面を底にして置く。
2. 1の上面にアンビバージュを打つ。
3. 2のビスキュイ・エラブルにクレーム・オ・ブール（500〜550g）を重ね、これを繰り返す。
4. 最後はクレーム・オ・ブールを表面にし、3.5cm×7.8cmにカットし、飾りアーモンドを立てて飾る（c）。

キャラメル★
<材料>グラニュー糖…500g　35%生クリーム…600g　フレッシュバター（無塩）…100g
<作り方>
1. グラニュー糖をカラメル色になるまで加熱し、沸騰した生クリームを加える。
2. 火から下ろし、バターを入れて溶かし、バーミックスでなめらかにする。

飾りアーモンドは
シロップをからめて焼く

アーモンドスライスにメープルシュガーと水を混ぜたシロップをからめてシルパットに広げる。

上火170℃、下火150℃のオーブンで約30分焼く。カードでほぐしておくが、このときアーモンドが割れないように注意する。

ケーキの上面にきれいに立てる。

カカウェット

パティスリー レタンプリュス

地元特産の高級種ピーナッツを使用
旨味とコクの中に、オレンジでキレを出す

地元・千葉県特産のピーナッツを使ったスペシャリテ。八街市で生産される希少なピーナッツ「半立種」は、旨味とコクの強い高級品種。農家から直接仕入れ、自店でタンプータンに加工してビスキュイに用いたり、キャラメリゼしたりして独特の風味を楽しませる。味が単調にならないよう、ビスキュイやクリームにオレンジの皮を加えて香りを添え、コクがある中にもキレを出した。

recette（77個分）

＜ビスキュイ・カカウェット＞（60cm×40cmの天板3枚分）

材料
- タンプータン（ピーナッツ）★…2000g
- 全卵…24個
- 無塩バター…900g
- オレンジゼスト（すりおろし）…3個分
- A＜薄力粉…125g　コーンスターチ…125g　ベーキングパウダー…15g＞
- メレンゲ＜卵白…300g　グラニュー糖…60g＞

作り方
1. ミキサーボウルにタンプータンと全卵を入れ、中速で白くもったりとするまでまわす（a）。
2. 50〜60℃に溶かしたバターにすりおろしたオレンジの皮を入れ、1に加える。続いて、合わせてふるったAを入れたら、かたく泡立てたメレンゲを加えながら、手でボウルの底から生地をすくい上げるように混ぜる（b）。
3. オーブンペーパーを敷いた天板に2を流し、160℃のオーブンで30分弱焼成し、冷ましておく。

＜クレーム・オ・ブール・オ・キャラメル＞

材料
- グラニュー糖…360g　42%生クリーム…1440g
- オレンジゼスト（すりおろし）…1個分
- 無塩バター…300g

作り方
1. 銅鍋にグラニュー糖を入れて火にかけ、黒く色づくまでしっかりと焦がす。
2. 沸かした生クリームを数回に分けて加えながら、泡立て器で混ぜる。
3. 2をミキサーボウルに移し、すりおろしたオレンジの皮を加えて混ぜ、氷水を当ててしっかり熱を取る。
4. 3が冷えたら刻んだバターを加え、低速のミキサーにかける。分離した状態になったら（c）ミキサーボウルの底に火を当てて温め、なめらかな状態になるまでミキシングする。

＜カカウェット・キャラメリゼ＞

材料
- ピーナッツ（千葉県産・半立種）…200g
- グラニュー糖…300g
- 水…100g　無塩バター…40g

作り方
1. ピーナッツは薄皮つきのまま天板に広げ、170℃のオーブンで15〜20分焼く。
2. 銅鍋にグラニュー糖と水を入れて火にかけ、118℃まで煮詰めて火を止める。
3. 薄皮をむいた1を2に入れてからめ、結晶化させてから、再び弱火にかけてキャラメリゼする。
4. 3にバターを加えてしっかり混ぜる。
5. 天板に4を流して薄くのばし、冷やし固めて5mm角に刻む。

＜カカウェット・キャラメリゼ・デコール＞

材料
- ピーナッツ（千葉県産・半立種）…100g
- 粉糖…30g

1. ピーナッツは生のまま薄皮をむいて刻み、ふるいにかける。
2. 1に粉糖をまぶし、銅鍋に入れて弱火にかけ、キャラメリゼする。

ミキシングや合わせ方で軽く口溶けのよい生地に

ピーナッツのタンプータンと全卵をミキサーにかける。空気を含ませるように白くもったりとするまでミキシングし、ここで軽さを出しておく。

すべての材料が合わさった状態。道具を使わずに手で、気泡を均一にするイメージで合わせる。手にまとわりつく生地の感覚や、つや、白っぽさなどで混ざり具合を判断する。

水分の多い配合でなめらかなクリームを作る時は「分離させてつなぐ」

キャラメルと生クリームを合わせたらオレンジゼストを入れ、しっかり熱を取り、冷えた状態の生地に刻んだバターを加えて、ミキサーを低速でまわす。最初はバターが分離して、ボソボソとした状態。

▶次ページに続く

＜仕上げ＞

材料
　粉糖

作り方

1. 板の上にビスキュイ・カカウェットの焼き面を上にして置き、クレーム・オ・ブール・オ・キャラメルを600g塗り、カカウェット・キャラメリゼを半量ちらす。
2. ビスキュイ・カカウェットの焼き面を下にしてのせ、その上から板をのせて全体を均一に平らにする。
3. 板を取り、クレーム・オ・ブール・オ・キャラメルを600g塗り、残りのカカウェット・キャラメリゼをちらし、ビスキュイ・カカウェットの焼き面を下にしてのせる。
4. 残りのクレーム・オ・ブール・オ・キャラメルを平らに塗り、冷蔵庫で冷やす。
5. 8cm×3.2cmの長方形にカットし、カカウェット・キャラメリゼ・デコールを飾り、粉糖をふる。

タンプータン（ピーナッツ）★

＜材料（でき上がり2000g）＞ピーナッツ（千葉県産・半立種）…1000g　グラニュー糖…1000g

＜作り方＞

1. ピーナッツは薄皮つきのまま天板に広げ、170℃のオーブンで15〜20分焼く（d）。
2. 1の粗熱が取れたらグラニュー糖をまぶし、ロボクープで粗めに挽いた後、ローラーでやや粗めに粉砕する（e）。

ピーナッツは薄皮つきのまま低温でローストして香りと旨味を引き出す

ピーナッツの薄皮にも旨味があると考え、皮つきのまま170℃のオーブンで15〜20分ロースト。低温でじっくり焼くことで香ばしさが立つ。

ローストしたピーナッツは、同量のグラニュー糖を合わせてロボクープで挽いてから、ローラーにかける。バターの配合が多く、目の詰まった重い生地なので、食感が残るようやや粗めに挽いておく。

カカウェット・キャラメリゼ（デコール）
粉糖
カカウェット・キャラメリゼ
クレーム・オ・ブール・オ・キャラメル
ビスキュイ・カカウェット

ショコラ・デ・ショコラ

ル・パティシエ ヨコヤマ

ビターな味わいのムース・ショコラに ヘーゼルナッツの風味と食感をプラス

カカオ風味の力強さがあるチョコレートのムース。ヘーゼルナッツ風味のソフトなビスキュイ、甘くやさしいバニラクリームをサンドしてまろやかさをプラス。ノワゼット・キャラメリゼのカリッとした食感が印象的。

▶次ページに続く

recette （直径5.5cm×高さ4.5cmのセルクル型　50個分）

＜ビスキュイ・ノワゼット＞4号10台分

材料
- ヘーゼルナッツパウダー…100g　粉糖…100g
- メレンゲ＜卵白…200g　グラニュー糖…100g＞
- 卵黄…200g　グラニュー糖…65g　無塩バター…65g

作り方
1. ヘーゼルナッツパウダーと粉糖をいっしょにふるう。
2. 卵白とグラニュー糖100gでしっかりしたメレンゲを作る。
3. 卵黄とグラニュー糖65gは軽く湯煎にかけながらよく泡立てる。
4. 3に1を加えて軽く合わせ、2を加え、最後に溶かしたバターを加える。
5. 天板に流し、180℃のオーブンで12分焼く。

＜ビスキュイ・ショコラ＞

材料
- 薄力粉…150g　粉糖…110g　ココアパウダー…90g
- アーモンドパウダー…110g　卵黄…450g　グラニュー糖…310g
- メレンゲ＜卵白…360g　グラニュー糖…202g＞　バター…90g

作り方
1. 薄力粉、粉糖、ココアパウダーをいっしょにふるい、アーモンドパウダーを加える。
2. ビスキュイ・ノワゼット（上記）と同じ要領で仕込み、190℃のオーブンで15分焼く。

＜ムース・ショコラ＞

材料
- ビターチョコレート…412g　38％生クリーム…83g　無塩バター…93g
- 38％生クリーム…928g　ボーメ30°シロップ…254cc
- 卵黄…125g　板ゼラチン…7g

作り方
1. 沸騰した生クリーム83gと溶かしたチョコレートを合わせ、焦がしバターを加え（a）、ガナッシュを作る。
2. 生クリーム928gを六分立てにする。
3. シロップと卵黄でパータ・ボンブを作る。
4. 1と2を合わせ、湯煎で溶かした板ゼラチンを加え、3と合わせる。

＜バニラクリーム＞

材料
- 牛乳…700cc　38％生クリーム…1600cc　バニラビーンズ…1本
- 卵黄…320g　グラニュー糖…320g

作り方
1. 鍋に牛乳、生クリーム、バニラビーンズを入れ、沸騰させる。
2. ボールに卵黄とグラニュー糖を入れてよく混ぜ合わせ、1を混ぜる。
3. 直径3cmのセルクル型に高さ1cmぐらい流し、湯煎にかけて150℃のオーブンで表面が凝固するまで焼く。急速冷凍しておく。

＜ノワゼット・キャラメリゼ＞

材料
- グラニュー糖…160g　ヘーゼルナッツ（ホール）…500g
- 無塩バター…25g　スイートチョコレート…80g

作り方
1. グラニュー糖を加熱してキャラメル状にし、ヘーゼルナッツを加える。全体によくからまったら（b）バターを加えて混ぜ、プラックに広げて冷ます。
2. 1をボールに入れ、溶かしたチョコレートを3回に分けて加え、全体にからめる（c）。

ムース・ショコラは焦がしバターがポイント

チョコレートと生クリームを合わせたものに焦がしバターを加え、風味を高める。

ノワゼット・キャラメリゼにバターとチョコレートを

ヘーゼルナッツをキャラメリゼする。風味をよくするために最後にバターを加える。

冷めたら、溶かしたチョコレートを3回ぐらいに分けて加える。

<クレーム・プラリネ>

材料
プラリネ・ペースト…630g
38%生クリーム…1050cc
板ゼラチン…7g

作り方
プラリネは湯煎にかけてやわらかくし、五分立てにした生クリームを少量加えて混ぜる。湯煎で溶かした板ゼラチンを加え、残りの生クリームを加え、軽く混ぜ合わせる。

<ポンシュ>

材料
ボーメ17°シロップ…200cc
ココアパウダー…30g

作り方
あたためたシロップにココアパウダーを加え、冷ましておく。

<仕上げ>

材料
グラサージュ・ショコラ／チョコレート

作り方
1. セルクル型の1／4の高さまでムース・ショコラを絞り出し、バニラクリーム、ビスキュイ・ノワゼットの順にのせる。その上にクレーム・プラリネを型いっぱいまで絞り（d）、ノワゼット・キャラメリゼを3粒ずつ入れる（e）。ポンシュを塗ったビスキュイ・ショコラをのせて（f）ポンシュを塗り（g）、急速冷凍する。
2. 型を裏返し、表面にグラサージュ・ショコラを塗り、チョコレートを飾る。

ノワゼット・キャラメリゼを入れて食感に変化を出す

ムース・ショコラ、バニラクリーム、ビスキュイ、クレーム・プラリネの順に組み立てる。

ノワゼット・キャラメリゼを入れる。なめらかなムースにカリッとした食感をプラス。

アーモンド風味のビスキュイ・ショコラでふたをする。

ココア風味のシロップを塗り、冷やし固める。

アルカイク

アルカイク

アーモンドの持ち味を徹底的に追求した濃厚で深みのある一品

アーモンドダイスをまとった重厚感のある生地に、アーモンドリキュール入りのクリームをサンド。アーモンドの持ち味を足し算式で追求した「攻め」のケーキ。60度のオレンジリキュールやアプリコットのコンフィでキレを出す。

recette （直径6cmのポンプ型　25個分）

＜パン・ド・ジェンヌ＞

材料

パート・ダマンド・クリュ…610g　全卵…4個　卵黄…3個分　はちみつ…30g
薄力粉…55g　ベーキングパウダー…7g　アーモンドローストペースト…45g
無塩バター…140g　アーモンドダイス…適量

作り方

1. パート・ダマンド・クリュに全卵と卵黄をダマができないように少しずつ加えながら、ビーターで軽く立てる。
2. 1にはちみつ、ふるった粉類を入れ混ぜる。さらにアーモンドローストペーストと、溶かしバターを加える（a）。
3. 型にポマード状のバター（分量外）を塗ってアーモンドダイスをつけ、冷やしておく。これに生地を絞り入れ（b）、170℃のオーブンで30～35分焼く。

＜プラリネクリーム＞

材料

無塩バター…50g　クレーム・パティシエール★…250g
キャラメルソース★…25g　プラリネ・アマンド…50g
アーモンドのリキュール…25g

作り方

1. ポマード状にしたバターにクレーム・パティシエールを混ぜ合わせる。
2. 1にキャラメルソース、プラリネ・アマンド、アーモンドのリキュールの順に混ぜる（c）。

＜アプリコットのコンフィ＞

材料

干しあんず…1000g
A＜グラニュー糖…1000g　水…1000cc　バニラビーンズ…1/2本＞

作り方

1. Aを沸かし、湯で戻したあんずを加えて弱火で30分煮たら、一晩おく（d）。

＜仕上げ＞

材料

アーモンドのシロップ／オレンジのリキュール／アプリコットジャム

作り方

1. パン・ド・ジェンヌを横半分にスライスし、アーモンドのシロップの中に軽く浸す。
2. 1の切り口にオレンジリキュールを塗る。
3. 2の下の部分に、プラリネクリームを絞り、刻んだアプリコットのコンフィをのせ、パン・ド・ジェンヌの上の部分をのせ、アプリコットジャムを塗り、プラリネクリームを絞る。

クレーム・パティシエール★

＜材料＞牛乳…1000cc　バニラビーンズ…1/2本　卵黄…10個分　グラニュー糖…250g
　強力粉…100g　無塩バター…100g

＜作り方＞
1. 牛乳にバニラビーンズを加えて火にかけ、沸かす。
2. 卵黄とグラニュー糖をすり混ぜ、強力粉を入れて軽く混ぜ合わせる。
3. 2に1を半量加えてよく混ぜる。漉しながら残りの1に入れ、強火でしっかりと炊き上げる。
4. 3にバターを加え、よく混ぜる。

キャラメルソース★

＜材料＞グラニュー糖…100g　40％生クリーム…100g

＜作り方＞
グラニュー糖を火にかけ、キャラメル状になったらあたためておいた生クリームを注ぐ。

姿や形の違うアーモンドを生地に徹底的に使い込む

アーモンドローストペーストと溶かしバターを合わせたものを加え、ビター感を高める。

アーモンドダイスをつけた型に、生地を流し込む。

キャラメル風味のクリームにはアーモンドリキュールをプラス

キャラメルソースやアーモンドプラリネ入りのクリームにリキュールを加え、ビターな香りを。

アプリコットのコンフィは前日に作っておく

アプリコットはバニラビーンズ入りのシロップでコンフィにして一晩なじませておく。これを細かく刻んで用いる。

アマンド

パティスリー ラ プラージュ

香り、コク、酸味。何層もの重なりが
アーモンドの風味をより深くする

アーモンドを中心に、なめらかなチョコレート、軽やかなシャンティー、そして甘さを引き締めるフランボワーズ。それぞれの要素が織りなす味わいをトータルで。

recette （57cm×37cm×高さ6cmのカードル1台分）

<ビスキュイ・ショコラ>（60cm×40cmのフランス天板1枚分）

材料
- タンプータン…210g
- 全卵…6個
- 卵白…210g
- グラニュー糖…80g
- 薄力粉…35g
- カカオプードル…25g
- 溶かし無塩バター…50g

作り方
1. タンプータン、全卵を合わせてミキサーで立てる。
2. 卵白とグラニュー糖でメレンゲを立て、1と合わせながら、ふるった薄力粉、カカオプードルを加える。溶かしバターを加え混ぜる。
3. 天板にのばし、200℃のコンベクションオーブンで14分間焼く。

<ダクワーズ>（60cm×40cmのフランス天板2枚分）

材料
- A＜卵白…1000g　グラニュー糖…240g＞
- B＜アーモンドプードル…600g　グラニュー糖…600g　薄力粉…160g＞

作り方
1. Aでメレンゲを作り、ふるったBの材料を加えて混ぜる。
2. メレンゲが残らないように混ぜ、天板にのばし、190℃のコンベクションオーブンで16分間焼く。

<フランボワーズジャム>

材料
- ラズベリーブロークン…380g
- レモン汁…1個分　グラニュー糖…380g
- ペクチン…5g

作り方
すべての材料を合わせ（a・b）火にかける。沸騰して7分間煮詰める（c）。グラニュー糖とペクチンはしっかり合わせてラズベリーに加え混ぜる。

<アーモンド・シャンティー>

材料
- A＜38％生クリーム…1160cc　アーモンドシロップ…65g　グラニュー糖…95g＞
- 刻みヌガー★…250g

作り方
1. Aを九分立てにする。
2. 刻みヌガーを加え混ぜる。

<ミルクショコラのクレーム>

材料
- A＜卵黄…7個分　グラニュー糖…90g　水…30g＞
- 板ゼラチン…2g
- 38％生クリーム…750g
- 41％ミルクチョコレート（ヴァローナ社「グアナジャ・ラクテ」）…375g

作り方
1. Aでパータ・ボンブを作る。溶かしたゼラチンを加え混ぜる。
2. 1に八分立てにした生クリームを加え混ぜる。
3. 溶かしたミルクチョコレートに2を加え混ぜる。

フランボワーズジャムは沸騰させて炊く

a　フランボワーズ、グラニュー糖、ペクチンとレモン汁を用意する。

b　グラニュー糖とペクチンをしっかり合わせてから、フランボワーズに加え混ぜる。

c　中火程度で沸騰させ、そのまま7分ほど炊く（加熱時間は分量により異なる。7分はレシピの分量の場合）。

▶次ページに続く

<仕上げ>

材料
フランボワーズリキュールシロップ／ナパージュ・ルビー／カカオパウダー／アマンドショコラ

作り方
1. カードルに逆さ仕込みにする。ダクワーズの上にアーモンド・シャンティーをならし、急速冷凍する。固まったらフランボワーズジャムをナッペしたビスキュイ・ショコラを置き、フランボワーズリキュールシロップでアンビベする。
2. ミルクショコラのクレームを流し、ダクワーズで蓋をする。急速冷凍庫で冷やし固める。
3. 固まったらカードルをはずし、5cm×5cmにカットする。
4. ナパージュ・ルビーを塗り、カカオパウダーをふり、アマンドショコラを飾る。

ヌガー★
<材料>グラニュー糖…600g　刻みアーモンド…450g
<作り方>
1. グラニュー糖でキャラメルを作り、ローストした刻みアーモンドを加え、シルパットにのばす。

アルマニャック

パティシエ　エイジ・ニッタ

アルマニャックとアーモンドの風味を最大限に生かして

ソフトに焼き上げたビスキュイ・ジョコンドには、アルマニャック（ブランデー）のシロップを
たっぷりと塗り、その間にシャンティー・ショコラ、クレーム・バニーユ、クレーム・プラリネを
順に重ねていく。キャラメリゼしたアーモンドをふんだんに使用し、食感と風味に変化を出す。

▶次ページに続く

recette （48cm×33cmのカードル 1台分　※60個分）

<ビスキュイ・ジョコンド・ノワゼット>（53cm×38cm、4枚分）

材料
- A＜アーモンドプードル…250g　ノワゼットプードル…125g
  粉糖…360g　薄力粉…100g＞
- 全卵…500g　卵白…340g
- グラニュー糖…50g　無塩バター…60g

作り方
1. Aを合わせてふるい、ミキサーに入れ、人肌程度にあたためた全卵を2〜3回に分けて加え、白っぽくもったりするまで泡立てる。
2. 卵白を中速で八分ほどに泡立てて、グラニュー糖を加え、しっかりとしたメレンゲを作る。
3. 1に2を2回に分けて加え混ぜ合わせ、最後に溶かしたバターを入れ混ぜ合わせる。
4. 5mm厚さにのばして、220℃のオーブンで7〜8分焼く。

キャラメリゼしたアーモンドダイスをフードプロセッサーに軽くかけて、細かく砕く。

<アンビバージュ>

材料
- ボーメ20°シロップ…270g
- アルマニャック…55g

作り方
シロップとアルマニャックを混ぜ合わせる。

<プラリネ・アマンド>

材料
- グラニュー糖…200g
- アーモンドダイス…100g

作り方
1. 鍋にグラニュー糖を入れて弱火にかけ、薄く色づいたキャラメルを作る。
2. 1に軽くオーブンで乾燥させたアーモンドダイスを加え、混ぜ合わせる。
3. 2を薄く大理石の上に広げて冷まし、フードプロセッサーで砕く（a）。

<シャンティー・ショコラ>

材料
- 35％生クリームA…180g　スイートチョコレート…225g
- 35％生クリームB…375g

作り方
1. Aの生クリームを鍋に入れ、沸騰直前まであたため、チョコレートに混ぜ合わせ、ガナッシュを作る。
2. Bの生クリームを七分立てにして、1と合わせる。

<クレーム・バニーユ>

材料
- 35％生クリームA…155g　バニラペースト…3g
- グラニュー糖…155g　ジュレ・ババロア…50g
- 35％生クリームB…1000g
- バニラオイル…8g　アルマニャック…34g

作り方
1. Aの生クリームとバニラペーストを鍋に入れて沸騰寸前まであたため、グラニュー糖とジュレ・ババロアを加え混ぜ合わせる。
2. Bの生クリームを六分立てにして1を混ぜ合わせ、バニラオイルとアルマニャックを加え、さらに合わせる。

<クレーム・プラリネ>

材料
- 35％生クリーム A…155g
- バニラペースト…3g
- グラニュー糖…100g
- ジュレ・ババロア…50g
- プラリネ・ノワゼット…169g
- アーモンド・ミルクペースト…43g
- 35％生クリーム B…1000g
- プラリネ・アマンド…100g

作り方
1. Aの生クリームとバニラペーストを一緒にして手鍋に入れて沸騰寸前まであたため、グラニュー糖とジュレ・ババロアを加え混ぜ合わせる。
2. プラリネ・ノワゼットとアーモンド・ミルクペーストを合わせ、1を混ぜる。
3. 2に六分立てにしたBの生クリームを合わせ、最後にプラリネ・アマンドを加えて混ぜる（b）。

<クレーム・オ・ブール>

材料
- 冷凍卵黄…150g
- グラニュー糖…120g
- 水あめ…45g
- 水…75g
- バニラオイル…5g
- 無塩バター…915g
- バニラペースト…1.25g

作り方
1. 卵黄をミキサーで泡立て、グラニュー糖、水、水あめ、バニラペーストを鍋に入れ、沸騰させて泡立った卵黄に加え、パータボンブを作る。
2. 1に室温に置いておいたバターを少しずつ加えて、混ぜ合わせる。
3. 2にバニラオイルを加え、混ぜる。

<仕上げ>

材料
- チョコレート

作り方
1. カードルにビスキュイ・ジョコンド・ノワゼットを置き、アンビバージュをたっぷり塗る（c）。
2. 1の上からシャンティー・ショコラを流し入れ、平らにのばす。
3. 2の上に1と同じようにしてクレーム・バニーユを流し入れ、平らにのばす。
4. 3の上から1と同じようにしてクレーム・プラリネを流し入れ、平らにのばす（d）。
5. 4の上から1と同じようにしてビスキュイ・ジョコンド・ノワゼットを置き、冷蔵庫で冷やし固める。
6. 5の表面に薄くクレーム・オ・ブールを塗り広げる。
7. 6の表面にフードプロセッサーで細かく砕いたプラリネ・アマンドを広げる。
8. 8cm×3.2cmにカットして、チョコレートを飾る。

キャラメリゼしたアーモンドは
クレーム・プラリネにも混ぜる

クレーム・プラリネに砕いたアーモンド・キャラメリゼを混ぜ合わせる。

アルマニャックシロップを
生地にたっぷりと塗る

フランス・アルマニャック地方で作られる香り高いブランデーのシロップを塗る。

シロップを塗った生地の上に3種のクレームを順に塗り重ねていく。

プララン

シャルル フレーデル

自家製プラリネの魅力を表現する
開店以来の静かな人気商品

プラリネ・ア・ラ・メゾンを使ったシンプルだが味わい深い一品。しっかりした生地とクリーム、仕上げに施したキャラメリゼとジャムも味わいを高める。

recette（78個分）

<ビスキュイ・プララン>（54cm×36cm×高さ6cmの天板5枚分）

材料
- 卵黄…421g　塩（カマルグ）…16g
- グラニュー糖A…463g　無塩バター…1106g
- 薄力粉…421g　強力粉…421g
- ベーキングパウダー…8.4g
- 卵白…674g　乾燥卵白　小さじ2
- グラニュー糖B…369g

作り方
1. 卵黄、グラニュー糖A、塩をブランシールする（白くなるまで混ぜる）。
2. バターをポマード状にし、1に加える。
3. 卵白に乾燥卵白、グラニュー糖Bを一度に入れて立て、しっかりしたメレンゲを作る。
4. 2にメレンゲの一部を加え、粉類をふるいながら加える。
5. 粉が入り切れば、残りのメレンゲを加える。気泡をつぶさないように注意（a）。
6. ラクレットを使い、幅36cm、厚み6mmに、一気にのばす（b）。
7. でき上がった5枚の生地を天板にとり、160～170℃のコンベクションオーブンで約15分間焼く。
8. 一晩やすませて翌日使用する。

<クレーム・プラリネ>

材料
- 無塩バター…565g
- プラリネ・アマンド★…545g
- クレーム・パティシエール★…730g

作り方
バターにプラリネ・アマンド、クレーム・パティシエールの順に加え、なめらかなクリームにする。

<アンビバージュ>

材料
- シロップ（ボーメ30°）…400g
- コアントロー54°…100g
- グランマルニエ…100g　水…200g

作り方
すべての材料を合わせる。

<仕上げ>

材料
- ナパージュ・エクラ★／アプリコットジャム★

作り方
1. ビスキュイ・プラランを、48cm×33cm×高さ5cmのカードルの大きさに切り揃える。
2. アンビバージュを5等分し、1段ごとにアンビベ、クレーム・プラリネの順で生地5枚を組み上げる。一番上のみ生地の焼き目を下にする。この状態で一晩やすませる。
3. 翌日、カードルをはずし、6.75cm×3cmの長方形78個にカットする。
4. 上面にグラニュー糖（分量外）をふり、焼きゴテでキャラメリゼする（c）。グラニュー糖の分量（ふり過ぎ）に注意。
5. いったん冷やし、アプリコットジャムの糖度をブリックス70°に調整し、キャラメリゼ部分に塗る。さらにナパージュ・エクラで最終仕上げをする（d）。

生地はすべての材料に空気を含ませ一気に焼成

メレンゲはツノが立つぐらいに立て、気泡をつぶさないように混ぜる。アパレイユの温度、かたさに注意。

ラクレットを使って一気にのばす。ここではスピードが大切。

キャラメリゼ、アプリコテどちらも薄く仕上げる

焼きゴテでキャラメリゼして香りを付ける。

アプリコットジャムを薄く塗った上にナパージュ・エクラを塗ってツヤを出す。糖度が低いとダレるのでブリックスで測り70°に。

▶次ページに続く

プラリネ・アマンド★
<材料>皮付きアーモンド…2000g　グラニュー糖…2000g
<作り方>
1. グラニュー糖に1/3の水（分量外）を加え、銅鍋で116℃まで煮て、軽く温めたアーモンドを加える。いったん火を止め、マッセ（糖化）するまでしっかり混ぜる。
2. 弱火で焦げないように、ゆっくりキャラメリゼする（e）。火が強過ぎると黒くなり、焦げ臭がするので注意。
3. 表面に白い部分がなくなり完全にキャラメリゼした後、ブロワイユーズで挽きやすいようにシルパットに薄くのばし、しっかり冷ます。
4. ブロワイユーズで粗めに挽き（f）、徐々にローラーの幅を小さくして繰り返し挽き、やや粒っぽさが残るペーストにする（g）。

クレーム・パティシエール★
<材料>牛乳…2000g　グラニュー糖…400g　卵黄…540g　強力粉…240g
　　　バニラさや…1本　無塩バター…50g
<作り方>
1. 卵黄とグラニュー糖をブランシールし、強力粉を入れ、バニラ入り沸騰牛乳を加えて炊く。沸騰後5分間以上炊き、完全に火を入れる。最後にバターを加えて冷やし、翌日以降に使用する。

ナパージュ・エクラ★
<材料>シロップ（ボーメ20°）…1270g　グラニュー糖…1270g　板ゼラチン…27g
　　　酒石酸…24g　パールアガー…80g
<作り方>
1. シロップ（ボーメ20°）を沸騰させ、パールアガーとグラニュー糖を合わせてふり入れ、戻したゼラチンを加えて沸騰させ、酒石酸を加える。容器に移して冷ます。

アプリコットジャム★
<材料>アンズコンポート…3360g　グラニュー糖…2000g
　　　ペクチン（アイコク「イエローリボン PG879S」）…41g　酒石酸…30g　水…30g
<作り方>
1. アンズコンポートをミキサーにかけ、グラニュー糖、ペクチンを加え、銅鍋でブリックス50°まで煮詰め、水で溶いた酒石酸を加える。容器に移して冷ます。

プラリネ・アマンドは粗挽きで存在感を出す

アーモンドをグラニュー糖でキャラメリゼする。焦げないように弱火でゆっくり火を入れ、シルパットに広げて冷ます。

ブロワイユーズ（粉砕機）で粗めに挽く。ブロワイユーズはロボクープに比べて熱が入りにくいので変質しにくい。

一度に大量に入れず少量ずつ、ローラーの幅も小さくして、数回繰り返すと写真の状態にでき上がる。

プラリネ・ショコラ

ケーキハウス ミサワ

まろやかなプラリネのクリームを
濃厚なチョコレートで引き締める

カカオ風味のビスキュイ・ショコラとビスキュイ・バニラで、クレーム・プラリネをたっぷりサンドする。素朴ながらも7層に積み上げた味のハーモニーは大人の味わい。この商品を目当てに訪れる客も多い。

▶次ページに続く

recette（40個分）

＜ビスキュイ・バニラ＞ 38.5cm × 29.5cm、1枚分

材料
- 卵黄…280g
- グラニュー糖…140g
- はちみつ…50g
- メレンゲ＜卵白…225g　グラニュー糖…100g＞
- 薄力粉…90g

作り方
1. ボウルに卵黄を入れてほぐし、グラニュー糖を加えてよくすり混ぜる。このまま、常温で20〜30分ほどねかせる。
2. ミキサーに1を入れ、高速で全体が白っぽくなるまでしっかりと立て、はちみつを加え混ぜる。
3. 別のミキサーに卵白を入れて高速で立て、途中でグラニュー糖を2〜3回に分けて加え、七分立てのメレンゲを作る。
4. 2にふるった薄力粉と3のメレンゲの1/2量を加えて混ぜ、粉っぽさがなくなったら残りのメレンゲを加えてさっくりと合わせる。
5. 4をオーブンシートを敷いた天板に流し、カードで表面を整えて上火180℃、下火160℃のオーブンで約17分焼く。

＜ビスキュイ・ショコラ＞ 29.5cm × 38.5cm、1枚分

材料
- 卵黄…280g　グラニュー糖…140g
- メレンゲ＜卵白…225g　グラニュー糖…100g＞
- 薄力粉…80g
- ココアパウダー…25g

作り方
1. ボウルに卵黄を入れてほぐし、グラニュー糖を加えてよくすり混ぜる。このまま、常温で20〜30分ほどねかせる。
2. ミキサーに1を入れ、高速で全体が白っぽくなるまでしっかりと立てる。
3. 別のミキサーに卵白を入れて高速で立て、途中でグラニュー糖を2〜3回に分けて加え、七分立てのメレンゲを作る。
4. 2にふるった薄力粉とココアパウダー、3のメレンゲの1/2量を加えて混ぜ、粉っぽさがなくなったら残りのメレンゲを加えてさっくりと混ぜ合わせる。
5. 4をオーブンシートを敷いた天板に流し、カードで表面を整え、上火180℃、下火160℃のオーブンで約17分焼く。

＜クレーム・プラリネ＞

材料
- 45%生クリーム…550g　フロストシュガー…60g
- プラリネペースト…100g

作り方
1. ボウルに生クリームとフロストシュガーを入れ、ホイッパーで撹拌して六分立てにする。
2. 1にプラリネクリームを合わせ、ホイッパーで八分立てにする（a）。

＜クレーム・シャンティー＞

材料
- 45%生クリーム…1500cc　フロストシュガー…135g
- バニラエッセンス…少量

作り方
ボウルにすべての材料を入れ、氷水に当てながら八〜九分立てにする。

クレーム・プラリネをなめらかに仕込む

生クリームとフロストシュガー、プラリネペーストを合わせ、八分立てにする。

<ガナッシュ>

材料

45％生クリーム…150cc　スイートチョコレート（クーベルチュール）…125g　ブランデー（XO）…15g

作り方

1. 鍋に生クリームを入れて加熱し、沸騰したら火から下ろし、溶かしたスイートチョコレートを3回に分けて加え、しっかりと混ぜて充分に乳化させる。
2. 1にブランデーを加えてさっくりと混ぜ合わせる。

<仕上げ>

材料

クレーム・シャンティー／ピストレ・ショコラ／プラリネのチョコレート／クレーム・ショコラ／ピスタチオ

作り方

1. ビスキュイ・ショコラを半分に切り、1枚に1cm厚さにクレーム・シャンティーを塗り、半分に切ったビスキュイ・バニラを重ねる（b）。クレーム・プラリネを1.5cm厚さに塗って平らに整える（c）。
2. 1の上にビスキュイ・ショコラを重ね、クレーム・シャンティーを1.5cm厚さに塗り、さらにビスキュイ・バニラをのせる。常温で軽く圧縮して、落ち着かせる。
3. 2の上面にガナッシュを5mm厚さに塗って（d）三角コームで模様をつけ、7.5cmの5本取りで1本を3.8cmにカットする。
4. 表面の半分にピストレ・ショコラを吹きつけ、クレーム・シャンティーを少量絞ってプラリネチョコレートを飾り、クレーム・ショコラとピスタチオをあしらって仕上げる。

2種類のビスキュイとクリームを重ねていく

粗熱をとったビスキュイ・ショコラにクレーム・シャンティーを塗り、ビスキュイ・バニラを重ねる。

クレーム・プラリネを厚めに塗り、再び生地を重ねた後、軽く圧縮して形を整える。

生地とクリームを7層に組み上げてガナッシュを塗り、三角コームで波状に模様をつける。

タルトレット
ピスターシュ

パティスリー ラ プラージュ

色の美しさを目で楽しみながら、
カシスとピスタチオの
組み合わせを味わう

カシスとピスタチオの取り合わせが新鮮。生地に入れるカシスは、ジャムでなく生を使い、みずみずしさを感じさせる。ホワイトチョコレートを使ったピスタチオクリームもこの店ならでは。

recette（作りやすい分量）

<パート・シュクレ>

材料
無塩バター…600g　粉糖…380g　全卵…4個
薄力粉…1000g　アーモンドプードル…120g
塩…2.5g　バニラビーンズ…2本

作り方
1. ポマード状にしたバターに粉糖を加え、すり混ぜる。
2. ほぐした全卵を加える。ふるった薄力粉、アーモンドプードル、塩を加えて混ぜる。
3. バニラビーンズを加えまとめる。ラップに包み冷蔵庫で一晩やすませる。
4. 3を2mm厚さにのばし、直径8cmのタルト型に敷き込む。
5. クレーム・ダマンド★（分量外）を絞り、冷凍カシスホール（分量外）を各8個おき（a）、180℃のコンベクションオーブンで約16分間焼成する。
6. 焼き上がりにクレーム・ド・カシス（分量外）をアンビべして冷ます。

<クレーム・ピスターシュ>（40個分）

材料
A＜牛乳…150g　38％生クリーム…225g　卵黄…105g　グラニュー糖…50g＞
板ゼラチン…5g
35％ホワイトチョコレート（ヴァローナ社「イヴォワール」）…190g
ピスタチオペースト…120g　無塩バター…80g

作り方
1. Aでクレーム・アングレーズを炊き上げ、戻したゼラチンを加える。
2. 1をホワイトチョコレートを入れたボウルに漉し入れ（b）、ピスタチオペーストを加えて均一に混ぜる。粗熱がとれたら常温のバターを加える（c）。
3. 2を適度なかたさまで冷やす。

<仕上げ>

材料
ナパージュ・ヌートル／グリヨットキルシュ／イチゴ／フランボワーズ／ピスタチオ／セルフィユ

作り方
1. タルトにクレーム・ピスターシュを絞る（d）。
2. ナパージュ・ヌートルを塗り、グリヨットキルシュ、イチゴ、フランボワーズ、ピスタチオ、セルフィユを飾る。

クレーム・ダマンド★
<材料>無塩バター…300g　粉糖…300g　全卵…4.5個　アーモンドプードル…300g
<作り方>
1. ポマード状にしたバターに粉糖を加え、よくすり混ぜる。
2. ほぐした全卵を少しずつ加える。ふるったアーモンドプードルを加え混ぜる。

カシスは冷凍のまま使う

型に生地を敷き、クレーム・ダマンドを絞り、冷凍カシスをのせる。カシスは凍ったままのせたほうが水分が出にくい。

クレーム・ピスターシュは分離しないように手早く作る

アングレーズを作り、ホワイトチョコレートの上に手早く漉し入れる。

ピスタチオペーストを混ぜ合わせた後、粗熱がとれたら室温にしたバターをちぎりながら入れ、混ぜて完全に溶かす。

適度な濃度にして表面をきれいに仕上げる

クリームを約22gずつ絞り、台に軽く落として気泡をつぶし、表面をならす。

ピスタチオ／フランボワーズ／グリヨットキルシュ／イチゴ／クレーム・ピスターシュ／カシス／クレーム・ダマンド／パート・シュクレ／ナパージュ・ヌートル

シシリアン

パティスリー ラパージュ

フレッシュとロースト2種のピスタチオペーストを使い
香りと味を存分に引き出したムースが印象深い人気商品

ホワイトチョコレートとピスタチオペーストで作る軽いムースに、コクのあるピスタチオのクレーム・ブリュレを詰め、底にはアーモンドをたっぷり乗せたダックワーズとロイヤルティーヌ入りアーモンドプラリネを敷く。

recette（5cm×5cm×高さ5cmのキャレ型　95個分）

＜ダコワーズ・オ・ザマンド＞
（60cm×40cmのフレンチ天板1枚分／4cm×4cmの抜き型で約95個分）

材料
- アーモンドスリバード…275g
- メレンゲ＜グラニュー糖…120g　乾燥卵白…2.5g　卵白…400g＞
- アーモンドパウダー…300g
- 粉糖…180g
- 薄力粉…50g

作り方
1. アーモンドスリバードを170℃のオーブンで香ばしくローストする。
2. グラニュー糖と乾燥卵白をよく混ぜ合わせ、1/3量を卵白に混ぜて泡立てる。ふっくらと泡立ったら、残り2回に分けて加えながら泡立てて、しっかりとしたメレンゲを作る。
3. アーモンドパウダー、粉糖、薄力粉をふるい合わせ、2に少しずつ加えながらエキュモワールで混ぜ合わせる。
4. 天板にオーブンペーパーを敷き、生地を均一にのばして1を均等に散らす。バッケンスルーオーブンの中火180℃、弱火170℃でダンパーを開いて18分間焼き、天板の前後を入れ替えて4分間焼く。

＜クルスティアン・アマンド＞（60cm×40cmのフレンチ天板1枚分）

材料
- アーモンドプラリネ（ヴァローナ社）…585g
- カカオバター…85g
- ロイヤルティーヌ…235g

作り方
1. アーモンドプラリネに溶かしたカカオバターを加えてむらなく混ぜ、ロイヤルティーヌを加えて（a）、均一にからむようによく混ぜ合わせる。
2. 粗熱がとれたダコワーズ・オ・ザマンドに流して均一にならし（b）、4cm×4cmの型で抜く。

＜クレーム・ブリュレ・ピスターシュ＞（フレキシパンNo.2266 直径4cm×高さ2cm、96個分）

材料
- エグロンヨーク No.3…230g
- グラニュー糖…230g
- 36％生クリーム…1020g
- 牛乳…480g
- 板ゼラチン…14g
- ピスタチオペースト…50g

作り方
1. エグロンヨークにグラニュー糖をよく混ぜ合わせ、生クリームと牛乳を加えて合わせ、一晩ねかせる。
2. 1を裏漉ししてアルミの番重に流し、130℃のオーブンで約30分間焼く（c）。
3. 2をボウルに移してピスタチオペーストも加えてむらなく混ぜる。ふやかしたゼラチンを加え（d）、バーミックスで均一に混ぜ合わせる。
4. 型に流して冷凍庫で固める。

生地、ナッツ、薄焼クレープの食感の違いを生かす

a　アーモンドプラリネ、カカオバター、薄焼クレープをむらなく混ぜ合わせる。

b　アーモンドをのせて焼いたダコワーズ生地に均一に塗りのばす。

ブリュレは番重に入れて焼き、ゼラチンでつなげる

c　アパレイユの材料を合わせて一晩ねかせ、漉しながら番重に流して焼く。

d　焼いたアパレイユにゼラチンを加え、バーミックスでむらなく混ぜる。

▶次ページに続く

<ムース・ショコラブラン・ピスターシュ>（5cm×5cm×高さ5cmのキャレ型、100個分）

材料
- 牛乳…1250g
- ピスタチオペースト…125g
- ピスタチオペースト（ロースト）…250g
- 板ゼラチン…50g
- ホワイトチョコレート（ヴァローナ社「イヴォワール」）…2320g
- キルシュ…125g
- 35％生クリーム…2500g

作り方
1. 牛乳を沸騰直前まで温める。
2. 2種類のピスタチオペーストをむらなく混ぜ合わせ、1の2/5量を4〜5回に分けて加えながらダマができないように溶きのばす（e）。
3. 残り3/5量の1の牛乳に、あらかじめふやかしたゼラチンを溶かす。
4. ホワイトチョコレートに3を注ぎ、2を加えてバーミックスで混ぜ合わせる。
5. キルシュを加え、バーミックスで合わせしっかりと乳化させながら（f）、29℃まで温度を下げる。
6. 生クリームを七分立てにして、3回に分けて加えながら泡立て器で均一に混ぜ合わせる（g）。

<仕上げ>

材料
- ピストレ用ショコラ（ホワイトチョコレート4に対してカカオバター3の割合、緑色の食用色素適量を合わせる）／黄色に着色したナパージュ・ヌートル

作り方
1. キャレ型の1/2までムース・ショコラブラン・ピスターシュを絞り、固めたクレーム・ブリュレ・ピスターシュを入れ、再度ムース・ショコラブラン・ピスターシュを絞る。
2. クルスティアン・アマンドの面を下にしてダコワーズ・オ・ザマンドをかぶせて冷凍庫で固める。
3. 型からはずして表面をショコラでピストレし、上部の中心にチケットを置き、四隅にナパージュ・ヌートルを絞る。

ムースはローストしたペーストでピスタチオの風味を高める

生とローストしたピスタチオペーストを混ぜ、沸かした牛乳でのばす。

バーミックスをボウルの底にしっかり当てることで、きちんと乳化させる。

混ぜながら適温の29℃まで下げてから、七分立ての生クリームを合わせる。

- ピストレ・ショコラ
- ナパージュ・ヌートル
- ムース・ショコラブラン・ピスターシュ
- クレーム・ブリュレ・ピスターシュ
- クルスティアン・アマンド
- ダコワーズ・オ・ザマンド

ピスターシュ

アグレアーブル

豊潤なピスタチオを生かしたババロワを
洋酒漬けグリオットチェリーで引き締める

日本では好き嫌いが分かれるピスタチオの「本当のおいしさを伝えたい」と、シェフが思いをこめて作ったピスタチオのババロワのガトー。世界最高品質といわれるイタリア・シチリア島ブロンテ産のピスタチオのペーストを選び、加熱せずに濃厚な味とローストしたような香ばしさを生かした。洋酒漬けのグリオットチェリーは実を飾りに、漬け汁を生地に含ませて使い、脇役ではあるが明確な存在感を打ち出す。

▶次ページに続く

recette （作りやすい分量）

＜ババロワーズ・ピスターシュ＞ (30個分)

材料
A ＜グラニュー糖…150g 卵黄…200g 牛乳（タカナシ乳業）…520cc＞
板ゼラチン…18g
ピスタチオペースト（マルッロ社）…150g
38% 生クリーム（タカナシ乳業「特選北海道フレッシュクリーム38」）…1050g

作り方
1. Aでアングレーズを炊く。銅鍋に卵黄とグラニュー糖を合わせてブランシールし、沸かした牛乳を加えて混ぜ、火にかける。泡立て器で混ぜながら底から気泡が出るまで充分に炊く (a)。
2. 氷水でふやかしたゼラチンを1に加えて溶かし、漉す。
3. ピスタチオペーストをボウルに入れ、2をまず少し入れて泡立て器で混ぜ、残りを加えたら、完全に乳化するまでよく混ぜる (b)。
4. 粗熱がとれたら、七〜八分立てにした生クリームを加え、泡立て器で混ぜる (c)。

＜ムース・ノワゼット＞ （仕込み量）

材料
A ＜卵黄…100g グラニュー糖…50g 牛乳（タカナシ乳業）…200cc＞
B ＜33% ミルクチョコレート…150g プラリネ・ノワゼット…340g＞
板ゼラチン…7g
38% 生クリーム（タカナシ乳業「特選北海道フレッシュクリーム38」）…400g

作り方
1. Aでアングレーズを炊く。銅鍋に卵黄とグラニュー糖を合わせてブランシールし、沸かした牛乳を加えて混ぜ、火にかける。泡立て器で混ぜながら底から気泡が出るまで充分に炊く。
2. 氷水でふやかしたゼラチンを1に加えて溶かし、漉す。
3. Bを合わせて湯煎で溶かし、2を加えてゴムべらでよく混ぜ、乳化させる。
4. 生クリームを七〜八分立てにし、3に加えてゴムべらで混ぜる。
5. 直径3cmのドーム型フレキシパンに入れ、冷凍する。

＜ビスキュイ・ジョコンド＞ （60cm×40cmの天板6枚分）

材料
A ＜アーモンドプードル…500g 粉糖…500g 卵黄…400g 卵白…400g＞
B ＜卵白…1000g グラニュー糖…600g＞
薄力粉…450g
溶かし無塩バター…100g

作り方
1. Aをミキサーにかけ、白っぽくなるまでビーターで立てる。
2. Bで七〜八分立てのメレンゲを作る。
3. 1をボウルに移し、ふるった薄力粉、2を加えてゴムべらで混ぜ合わせる。
4. 3に溶かしバターを一度に入れて混ぜ、天板に分け入れる。
5. 上火・下火とも230℃のオーブンに入れ、6分焼く。

ピスタチオペーストは熱を入れると香りが飛ぶので、加熱した後に加える

アングレーズを作る段階では、ピスタチオペーストは加えない。はじめは強火、とろみがついてきたら弱火にしてしっかり炊き込む。

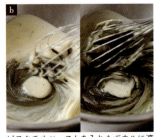

ピスタチオペーストを入れたボウルに漉したアングレーズを入れ、泡立て器で混ぜる。最初に少し入れて混ぜてから、残りを加えて混ぜ、完全に乳化させる。

最後に七〜八分立てにした生クリームを加え、泡立て器で混ぜる。ピスタチオペーストが無着色なので、やさしい自然な色のババロワになる。

<仕上げ>

材料

洋酒漬けグリオットチェリー／シロップ（洋酒漬けグリオットチェリーの漬け汁）／ガナッシュ（ミルクチョコレート1：生クリーム1）／ナパージュ・ヌートル／ピスタチオのクラックラン★

作り方

1. 直径7cmのドーム型フレキシパンの八分目までババロワーズ・ピスターシュを流し、ムース・ノワゼットを入れ、ババロワーズ・ピスターシュを縁まで入れる。
2. ビスキュイ・ジョコンドを直径6.5cmのセルクルで抜き、シロップに浸して1にのせる。冷凍庫で冷やし固める。
3. 逆さにして型をはずし、ガナッシュを絞り袋で線状に絞り、ナパージュ・ヌートルをかけ、グリオットチェリーを飾り、ピスタチオのクラックランを飾る。

ピスタチオのクラックラン★

<材料（仕込み量）>ピスタチオ（ロースト）…1000g　グラニュー糖…250～300g

<作り方>
1. グラニュー糖を210℃まで煮詰め、ピスタチオを入れて木べらで混ぜながら加熱する。
2. グラニュー糖がキャラメルになる前に火を止め、天板に広げて冷ます。

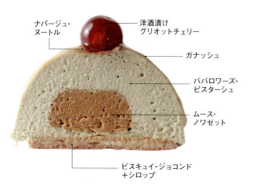

はちみつムース

御影高杉

はちみつの甘い香り、なめらかなムースの口溶け、
ナッツの香ばしい食感のバランスが絶妙

はちみつは国産とフランス産をブレンドし、ほどよい甘さと香りに調節。パータ・ボンブを加えてコクを深めている。食感の違いを出すために、質感の異なる2種類のビスキュイを組み合わせている。

recette（48個分）

＜ビスキュイ・ミゼラブル＞ 60cm×40cm、1枚分

材料
- メレンゲ＜卵白…800g　グラニュー糖…200g＞
- アーモンドパウダー…600g
- グラニュー糖…600g　薄力粉…40g

作り方
1. 卵白と全量のグラニュー糖でかたいメレンゲを作る（a）。
2. アーモンドパウダー、グラニュー糖、薄力粉をいっしょにふるい、1に加えて混ぜ合わせる。
3. 天板に流し、180℃のオーブンで焼く。

＜ビスキュイ・ジョコンド＞ 60cm×40cm、1枚分

材料
- メレンゲ＜卵白…160g　グラニュー糖…20g＞
- 全卵…160g
- 卵黄…60g
- アーモンドパウダー…150g
- 粉糖…150g
- 薄力粉…43g
- 無塩バター…56g

作り方
1. 卵白とグラニュー糖を中速のミキサーにかけ、ややかためのメレンゲを作る。
2. 全卵、卵黄をほぐし、アーモンドパウダー、粉糖を加えて、よく泡立てる。1の半量を加えて混ぜ、さらに薄力粉を入れて合わせる。残りのメレンゲを合わせ、溶かしバターを混ぜ合わせる（b）。
3. 天板に流してのばし、180℃のオーブンで焼く。

＜ムース・オ・ミエル＞

材料
- アーモンド（1/8割）…50g
- はちみつ…220g
- 卵黄…120g
- 板ゼラチン…17g
- 38％生クリーム…500g
- ドレンチェリー（赤・緑）…各25g
- ピスタチオ…15g

作り方
1. 銅鍋にアーモンドを入れ、軽くシロップ（分量外）と合わせて加熱し、キャラメル状にする。
2. はちみつと卵黄でパータ・ボンブを作り（c）、戻した板ゼラチンを加えて溶かす。
3. 2に六分立てにした生クリームを合わせ、1、ピスタチオ、刻んだドレンチェリーを入れ（d）、合わせる。

＜仕上げ＞

材料
- ナパージュ・ヌートル／マカロン

作り方
1. 型にビスキュイ・ミゼラブルを敷き、はちみつムースを流し入れる。ビスキュイ・ジョコンドを重ね、残りのはちみつムースを流し入れ、表面を平らにし、急速冷凍する。
2. 表面にナパージュ・ヌートルを塗り、1辺6cmの正方形に切り分け、マカロンを飾る。

ビスキュイ・ミゼラブルはきめ細かいメレンゲがポイント

ミキサーの後にさらに泡立て器できめ細かく泡立てることが大切。

ビスキュイ・ジョコンドは乳化させてなめらかに仕込む

34℃で手早く合わせる。温度が高すぎるとアーモンドの油っぽさが出てくるので注意。

はちみつのパータ・ボンブで濃厚な味わいのムースに

シロップの代わりにはちみつを使用。フランス産と国産をブレンドして風味の強さを調節。

なめらかなムースにカリカリ感と彩りをプラス

キャラメリゼしたアーモンドと、ピスタチオは色と青臭さを活かすためそのままで加える。沈まないように24℃条件下で。

カフェラッテ

ラメール洋菓子店

苦味と食感をプラスした
ババロアベースの「コーヒーミルク」

コーヒーミルクをテーマに開発し、コーヒーの香りとミルクの旨みを組み合わせた大人向けのケーキ。ゼラチンでやや固さを出したクリーム類をメインに、スポンジは少なめにしてババロア風の印象に。アーモンドヌガーで食感と味にアクセントを加えている。

recette（55個分）

＜モカシート＞

材料
全卵…2個　卵黄…6個分　上白糖…150g
薄力粉（バイオレット）…130g
インスタントコーヒー（粉末）…10g
ブランデー…15g　無塩バター…50g　牛乳…50g

作り方
1. 全卵と卵黄、上白糖を軽く加熱しながら混ぜ合わせ、しっかりと泡立てる。さらに薄力粉を加えて混ぜ合わせる。
2. インスタントコーヒーをブランデーに入れて溶かしておき、1に加える。最初はマーブル状になる程度でさっくりと混ぜる（a）。
3. バターと牛乳を合わせて人肌程度に加熱し、2に加える。
4. 天板に3の生地を流し、カードでのばす。170℃のオーブンで20分焼く。

さっくりと混ぜて
ふっくら仕上げる

モカシートには加える素材が多く、混ぜすぎると生地が膨らまなくなるため、途中までさっくりと混ぜる。

＜アーモンドヌガー＞

材料
アーモンドロースト（刻んだもの）…100g
グラニュー糖…100g　プラリネペースト…50g
ミルクチョコレート…50g　無塩バター…10g

作り方
1. グラニュー糖を加熱して色が入るまで焦がす。
2. 1をアーモンドローストに加えて合わせ（b）、オーブンシートの上に広げ、粗熱がとれたら軽く刻む。
3. プラリネペースト、ミルクチョコレート、常温で戻しておいたバターを加熱して溶かし、2と混ぜる。
4. 冷蔵庫で冷やし固める。

アーモンドを香ばしく
キャラメルコーティング

グラニュー糖を香ばしくキャラメリゼし、アーモンドヌガーを作る。

＜バニラクリーム＞

材料
牛乳…180g　バニラビーンズ…少々　冷凍卵黄…90g
グラニュー糖…22g　板ゼラチン…8g　35%生クリーム…375g

作り方
1. 牛乳の中にバニラビーンズを入れておき、香りを移しておく。
2. 卵黄とグラニュー糖、1の牛乳を混ぜ合わせ、かき混ぜながら火入れし、アングレーズソースを作る。
3. 板ゼラチンを水で戻しておき、2に加えて溶かす。
4. 氷水にあてて温度を下げ、六分立てにした生クリームを加えて混ぜ合わせる。

粉ゼラチンで表面を
なめらかに仕上げる

カフェクリームには粉ゼラチンを混ぜる。粉ゼラチンだと型からはがす際なめらかで、きれいに仕上がる。

＜カフェクリーム＞

材料
冷凍卵黄…338g　グラニュー糖…85g　牛乳…675g
粉ゼラチン…18g　インスタントコーヒー（粉末）…22g
トラブリカフェ…23g　コニャック（VSOP）…18g　35%生クリーム…500g

作り方
1. 卵黄とグラニュー糖、牛乳を混ぜ合わせ、かき混ぜながら火入れし、アングレーズソースを作る。
2. 水72gでふやかしておいた粉ゼラチンを、1に加えて溶かす（c）。
3. インスタントコーヒーとトラブリカフェ、コニャックを混ぜ合わせておき、2に加える。
4. 六分立てにした生クリームを加えて混ぜる。氷水にあてながら混ぜ続け、もったりとしてくるまで温度を下げる（14℃）。

▶次ページに続く

<グラッサアージュカフェ>

材料
水…100g　グラニュー糖…120g　生クリーム…100g
インスタントコーヒー（粉末）…28g　水飴…28g　粉ゼラチン…6g

作り方
1. 水とグラニュー糖、生クリームを混ぜ合わせて加熱する。
2. インスタントコーヒーと水飴を加えて110℃まで加熱し、煮詰める。
3. 水30gでふやかしておいた粉ゼラチンを加え、裏漉しする。

<クレーム・シャンティ>

35％になるよう調整した生クリームに対し、8％量のグラニュー糖を加えて泡立てる。

<カフェマカロン>

材料
卵白…140g　グラニュー糖…200g　乾燥卵白…3g
アーモンドプードル…160g
粉糖…130g　トラブリカフェ…20g

作り方
1. 卵白とグラニュー糖、乾燥卵白をしっかりと泡立てる。
2. アーモンドプードルと粉糖を加えて混ぜ込み、ある程度混ざったらトラブリカフェを加えて混ぜる。しっかりとツヤが出るまで混ぜ込む。
3. 生地を絞り袋に入れ、天板の上に、丸く絞り出す。15分ほどそのまま常温で乾かしておく。
4. 200℃のオーブンで4分ほど焼き、さらに170℃で6分ほど焼く。

<仕上げ>

材料
セルフィーユ

作り方
1. 7cm×4.5cmのオバール型でモカシートを抜き、バニラクリームを重ねる。
2. アーモンドヌガーをスプーンですくい、中心部分に置く。カフェクリームを重ね、セルクルから外す。
3. クレーム・シャンティを絞り、グラッサアージュカフェをかける。カフェマカロンとセルフィーユを飾る。

ノワゼットカフェ

パティスリー レザネフォール

コーヒー風味を利かせた
ムース・ショコラブランで
ネグレスコを現代風にリモデル

おいしいコーヒームースが作りたいと考案した一品。ダークチョコレートのムースとプラリネ・アマンドを組み合わせた伝統的なケーキ「ネグレスコ」を土台に、ムースはコーヒー味に、プラリネは相性のよいヘーゼルナッツ味にかえて再構築した。コーヒーとナッツの香ばしさ、なめらかなムースやフィヤンティーヌ入りプラリネのザクザクした食感がうまく調和したスペシャリテになった。

▶次ページに続く

recette (5cm×2.5cm 40個分)

＜ビスキュイ・ノワゼット＞ (47cm×33cmのカードル1台分)

材料
- ノワゼット（皮つき）…100g　ノワゼットプードル…210g
- 粉糖…215g　卵白…230g　グラニュー糖…90g
- 薄力粉（あらかじめふるっておく）…8g

作り方
1. ノワゼットはオーブンでほどよくローストして（a）粗く刻む。
2. ノワゼットプードルと粉糖をむらなく混ぜ合わせる。
3. 卵白にグラニュー糖を一度に加え、高速のホイッパーで角が立つまでしっかりと泡立てる。薄力粉を加えてゴムべらで切るように混ぜたら、2を2〜3回に分けて加えながら混ぜ、最後に1を加える。
4. 天板に47cm×33cmのカードルをおき、生地を流し入れて200℃のオーブンで10分間焼いた後、粗熱をとる。

＜プラリネノワゼット＞

材料
- プラリネ・ノワゼット…200g　プラリネ・アマンド…80g
- 40%ミルクチョコレート…100g
- フィヤンティーヌ（カカオバリー社「パユテ・フォユティーヌ」）…150g
- 無塩バター…30g

作り方
1. プラリネ・ノワゼットとプラリネ・アマンドをへらで混ぜる。
2. 35℃に温めたミルクチョコレートを1に加えてへらで手早く混ぜる。
3. フィヤンティーヌを加えてへらでよく混ぜ合わせ（b）、溶かしたバターを加えてしっかりとむらなく混ぜる。

＜ガナッシュショコラ・オ・レ＞

材料
- 38%生クリーム…225g　40%ミルクチョコレート…270g

作り方
生クリームを沸騰寸前まで温め、ミルクチョコレートに注いでなめらかに混ぜ合わせる。

＜ムース・ショコラブラン＞

材料
- 加糖卵黄（加糖20%）…115g　グラニュー糖…65g
- 35%生クリーム…1kg　牛乳…20g
- コーヒー粉（コロンビア産フレンチロースト）…15g
- インスタントコーヒー…10g
- 板ゼラチン…12g（あらかじめ冷水でふやかしておく）
- 32%ホワイトチョコレート…210g　モカリキュール…12g

作り方
1. 卵黄にグラニュー糖を入れて白っぽくなるまですり混ぜる。
2. 鍋に生クリーム250g、牛乳、コーヒー粉を入れて温め（c）、沸騰したら火を止めて1に注いで混ぜる。漉しながら鍋に戻し、混ぜながら火にかけて83℃に熱する。インスタントコーヒーを加えてむらなく溶かし混ぜる。
3. 60℃に粗熱をとったら、ゼラチンを加えて溶かし混ぜる。40℃に保っておく。
4. ホワイトチョコレートは溶かして40℃に保ち、生クリーム750gはゆるく泡立てておく。
5. ホワイトチョコレートに3を加えて混ぜ、20℃になったら、生クリームと混ぜ合わせる。モカリキュールで香りづけをする。

ヘーゼルナッツは皮つきを使う

酸化しにくく鮮度が保たれるためヘーゼルナッツは皮つきで。使うごとにオーブンでローストして好みの味や香りに仕立てる。

フィヤンティーヌを加えて独特の食感に

プラリネ・ノワゼットとプラリネ・アマンドをへらでむらなく混ぜたら、溶かしたチョコレートを加えて均一に混ぜ、フィヤンティーヌを加える。

コーヒー粉を入れた生クリームを沸騰させてしっかりと香りを抽出する

鍋に生クリーム、牛乳、コーヒー粉を入れて熱する。味の決め手となるコーヒーはおいしさに定評のある自家焙煎珈琲店のコロンビア産のフレンチローストを使用。

<仕上げ>
材料
40%ミルクチョコレート／ピストレ・ショコラ★／デコール・ショコラ★／ノワゼット・キャラメリゼ★40粒／コーヒーチョコレート80粒（1個につき2粒）
作り方
1. ビスキュイ・ノワゼットに溶かしたミルクチョコレートを薄く塗り、プラリネノワゼットを流して冷凍庫で冷やし固める。
2. 1にガナッシュショコラ・オ・レを流し冷凍庫で冷やし固める。
3. ムース・ショコラブランを流して冷凍庫で冷やし固める。カードルをはずして上面にピストレ・ショコラをピストレして5cm×2.5cmに切り分ける。デコール・ショコラ、ノワゼット・キャラメリゼ、コーヒーチョコレートを飾る。

ピストレ・ショコラ★
<材料>40%ミルクチョコレート　カカオバター　※ミルクチョコレート2に対してカカオバター1の割合
<作り方>
チョコレートを溶かし、カカオバターを加えてむらなく混ぜ合わせる。

デコール・ショコラ★
<材料>70%チョコレート
<作り方>
1. ボウルにチョコレートを入れて50℃の湯煎で溶かし、ボウルを氷煎して28℃まで下げ、再度湯煎にかけて31℃まで上げてテンパリングする。
2. 1をフィルムにパレットで薄く塗り広げ、トタン型にしばらくおいておく。固まったら温めたナイフで適宜カットする。

ノワゼット・キャラメリゼ★
<材料>ノワゼット（皮つき）…1kg　水…適量　グラニュー糖…300g　無塩バター…適量
<作り方>
1. ノワゼットはオーブンでほどよくローストする。
2. 鍋に水とグラニュー糖を入れて118℃まで煮詰めてシロップを作る。
3. シロップに1を加えたら火からはずし、木べらで混ぜて砂糖を結晶化させる（白い糖衣がついた状態にする）。
4. 再度、弱火にかけて木べらで混ぜながら加熱する。砂糖が溶けてキャラメル状になり、ノワゼットに火が通ったらバターを加え混ぜる。パットに空けて一粒ずつ離して冷ます。

アグレアーブル

アグレアーブル

アールグレイとはちみつキャラメル、2つのムースの組み合わせ

シェフがフランスにいる頃から構想を練っていたという「アグレアーブル」は、店名を冠したほど思い入れが強いスペシャリテ。主役はアールグレイの香りを濃く出したムースと、香ばしいはちみつキャラメルのムース。キャラメルもアングレーズもしっかり炊き、濃縮された味わいがあればこそ、のおいしさ。この2種類のムースを、カカオとアーモンドの風味がさりげなくつなぎ、ひとつにまとめている。1日6個限定。

recette （作りやすい分量）

＜ビスキュイ・ジョコンド＞（60cm×40cmの天板6枚分）

材料
- A＜アーモンドプードル…500g　粉糖…500g　卵黄…400g　卵白…400g＞
- B＜卵白…1000g　グラニュー糖…600g＞
- 薄力粉…450g　溶かし無塩バター…100g

作り方
1. Aをミキサーにかけ、白っぽくなるまでビーターで立てる。
2. Bで七～八分立てのメレンゲを作る。
3. 1をボウルに移し、ふるった薄力粉、2を加えてゴムべらで混ぜ合わせる。
4. 3に溶かしバターを一度に入れて混ぜ、天板に分け入れる。
5. 上火・下火とも230℃のオーブンに入れ、6分焼く。

＜ビスキュイ・サッシェ＞（60cm×40cmの天板2枚分）

材料
- パート・ダマンド（リューベッカ社）…500g
- A＜全卵…150g　卵黄…300g＞
- B＜薄力粉…150g　カカオプードル…150g＞
- C＜卵白…450g　グラニュー糖…300g＞
- 溶かし無塩バター…150g

作り方
1. Aを合わせてほぐし、パート・ダマンドに少しずつ加え、ミキサーで白っぽくなるまで立てる。
2. Cを合わせ、七～八分立てのメレンゲを作る。
3. 1をボウルに移し、合わせてふるったB、2をゴムべらで混ぜ合わせる。
4. 3に溶かしバターを一度に入れて混ぜ、天板に分け入れる。
5. 上火・下火とも230℃のオーブンに入れ、8分焼く。

＜ムース・アールグレイ＞（70個分）

材料
- アールグレイエキス★…450g
- A＜卵黄…200g　グラニュー糖…150g＞
- 34％ミルクチョコレート（カルマ社「クレアー」）…1100g
- 38％生クリーム（タカナシ乳業「特選北海道フレッシュクリーム38」）…900g
- 板ゼラチン…14g

作り方
1. アールグレイエキス（a）を沸かす。
2. アールグレイ風味のアングレーズを作る。銅鍋にAを合わせて泡立て器でブランシールし、1の熱いアールグレイエキスを加えて混ぜ、火にかける。底から気泡が出るまで充分に炊いたら（b）火からおろし、氷水でふやかしたゼラチンを加えて溶かし（c）、漉す。
3. 湯煎で溶かしておいたミルクチョコレートに2を加え、ゴムべらでよく混ぜて乳化させる。
4. 生クリームを七～八分立てにし、3に加えて泡立て器で混ぜ合わせる（d）。

＜ムース・キャラメル・ミエル＞（70個分）

材料
- A＜グラニュー糖…210g　水…100g＞
- B＜38％生クリーム（タカナシ乳業「特選北海道フレッシュクリーム38」）…640g
  はちみつ…110g＞　板ゼラチン…25g
- 38％生クリーム（タカナシ乳業「特選北海道フレッシュクリーム38」）…640g
- ノワゼット・キャラメリゼ★…400g

アングレーズは鍋底がふつふつするまで充分に炊き込む

沸騰した牛乳にアールグレイ茶葉を入れて煮出す。再沸騰したらふたをして5分ほど蒸らした後、漉す。絞るように茶葉を押さえて、エキスをしっかり抽出する。

アールグレイエキスを加えたアングレーズを作る。最初は強火、途中で弱火に落とし、鍋底から泡が立つまで充分に炊く（殺菌の目的もある）。木べらではなく泡立て器を使うと軽く仕上がる。

炊き上がったアングレーズに、氷水でふやかしたゼラチンを入れて溶かす。板ゼラチンは水より氷水に浸けて戻すほうが、気温の変化があっても0℃に保たれるので一年を通して同じ状態で使える。

溶かしたミルクチョコレート、泡立てた生クリームを合わせ、ふんわりと軽めに仕上げたムース・アールグレイ。空気をほどよく含ませた食感の軽さで、濃厚な味わいをしつこく感じさせない。

▶次ページに続く

作り方
1. 銅鍋にAを合わせ、火にかける（e）。
2. 別の鍋にBを合わせ、火にかけ温める。
3. 1がキャラメル色になったら2を入れ（f）、泡立て器でしっかり混ぜる。乳化したら、氷水でふやかしたゼラチンを加えて溶かし、漉す（g）。
4. 3の粗熱がとれたら、七～八分立てにした生クリームを加えてゴムべらでよく混ぜ、粗く砕いたノワゼット・キャラメリゼを混ぜる。

＜コポー・ショコラ＞（基本配合）
材料
55％チョコレート…1000g　ショートニング…200g

作り方
1. チョコレートとショートニングを合わせて湯煎で溶かし、バットなどの容器に入れて冷蔵庫で冷やす。
2. 常温に出し、やわらかくなったらナイフで削り取る。

＜グラサージュ＞（仕込み量）
材料
A＜牛乳（タカナシ乳業）…600mℓ　グラニュー糖…350g　水あめ…50g　トリモリン…200g　ナパージュ・ヌートル…1000g＞　板ゼラチン…25g
B＜55％チョコレート…700g　カカオプードル…100g＞

作り方
1. Aを鍋に入れて火にかけ、氷水でふやかしたゼラチンを入れる。
2. Bをボウルに入れ、1を加えて混ぜ、漉す。

＜アンビバージュ＞（基本配合）
材料
V.S.Oコニャック…500cc　シロップ（ボーメ30°）…500cc　水…1000cc

作り方
材料すべてを混ぜ合わせる。

＜仕上げ＞
1. ビスキュイ・ジョコンドを直径5cmに抜き、直径5cm×高さ4.5cmのセルクルに敷く。
2. ムース・キャラメル・ミエルを1のセルクルの1/3の高さまで流す。
3. ビスキュイ・サッシェをひとまわり小さいセルクルで抜き、アンビバージュにくぐらせ、2にのせる。
4. 3にムース・アールグレイを縁まで流し、L字型パレットでならし、冷凍する。
5. 型からはずし、底のビスキュイ・ジョコンドにアンビバージュをしみ込ませ、全体にグラサージュをかけ、コポー・ショコラを飾る。

アールグレイエキス★
＜材料＞牛乳（タカナシ乳業）…1000cc　アールグレイ茶葉…100g
＜作り方＞
1. 沸騰した牛乳にアールグレイ茶葉を入れ、再沸騰したら火を止め、ふたをして5分蒸らし、漉す。　※冷凍して保存できる。

ノワゼット・キャラメリゼ★
＜材料（140個分）＞ヘーゼルナッツ（ロースト）…1000g　A＜グラニュー糖…300g　水…200g＞　無塩バター（タカナシ乳業）…50g
＜作り方＞
1. Aを合わせて110℃まで沸かし、ローストしたヘーゼルナッツを入れ、木べらで混ぜながらキャラメル色になるまで加熱する。
2. 全体が色づいたらバターを入れ、よく混ぜる。
3. バットまたはマーブル台に広げ、完全に冷ます。

最初はできるだけさわらず、生クリームを入れてからは泡立て器でしっかり混ぜる

キャラメルを作る。まずグラニュー糖と水を沸騰させて煮詰めるが、この段階でさわり過ぎると再結晶したようになり、口ざわりが悪くなるので、キャラメル色になるまで混ぜずに待つ。

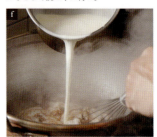

生クリームとはちみつを温めたものを、キャラメルに数回に分けて加える。この時は泡立て器で鍋底からしっかり混ぜる。木べらを使うより泡立て器のほうがダマにならない。

泡立て器で混ぜながらしっかり炊いて乳化したら火を止め、氷水でふやかしておいたゼラチンを加えて溶かし、漉す。

コポー・ショコラ
グラサージュ
ムース・アールグレイ
ビスキュイ・サッシェ＋アンビバージュ
ムース・キャラメル・ミエル
ビスキュイ・ジョコンド＋アンビバージュ

アロマティック

パティスリー エキュバランス

アーモンドとシナモン、トンカ豆の香りを添えた
チャイのフレーバーを楽しむ

パータ・リンツァーの軽いタルトにチャイのガナッシュ、チャイの生地、そしてトンカ豆のムースを重ね、締めくくりは飾りにのせたチャイのマカロン。香りと風味のよさを楽しむケーキ。

▶次ページに続く

recette（50個分）

＜パータ・リンツァー＞（直径7cmのタルトリング50個分）

材料
- 発酵バター…250g　粉糖…250g
- シナモン…15g　アーモンドプードル…125g
- 薄力粉…500g　ベーキングパウダー…2.5g
- 全卵…90g　塩…10g
- レモン皮（すりおろし）…1個分

作り方
1. サブラージュの方法で生地を作る。台に粉類を合わせてふるい、バターをカードで細かくしながら合わせ、砂のような状態にする。
2. 1に全卵、塩を混ぜ合わせ、レモン皮を加え混ぜる。冷蔵庫で一晩ねかせる。
3. 2mm厚さにのばし、直径7cmのタルトリングに敷き込み、上火160℃、下火150℃のオーブンで約30分間焼く。

＜フィヤンティーヌ＞

材料
- 40％ミルクチョコレート…160g
- プラリネ・アマンド・ノワゼット…100g
- フィヤンティーヌ…200g

作り方
溶かしたミルクチョコレートにプラリネ・アマンド・ノワゼットを混ぜ、フィヤンティーヌを加え混ぜる。

＜ビスキュイ・ジョコンド・エピス＞（60cm×40cmのフランス天板1枚分）

材料
- 全卵…220g　アーモンドプードル…150g
- 粉糖…100g　薄力粉…20g
- 強力粉…20g
- シナモン、カルダモン、ナツメグ、クローブ、ジンジャー…各少々
- A＜卵白…130g　グラニュー糖…50g＞
- B＜発酵バター…45g　サワークリーム…26g
  　太白胡麻油…10g　バニラ原液…1滴＞

作り方
1. 粉類とスパイスは合わせてふるう。
2. 全卵に1を加え混ぜる。
3. Aでしっかりしたメレンゲを作り、2に数回に分けて加え混ぜる。
4. Bを合わせて加熱し、3に混ぜる。
5. 天板に4を流し入れ、上火200℃、下火220℃のオーブンで約10分間焼く。

＜ガナッシュ・チャイ＞

材料
- 40％ミルクチョコレート…300g
- トリモリン…10g
- 牛乳…200g　チャイ（茶葉）…20g
- 35％生クリーム…200g
- 水飴…30g　フレッシュバター（無塩）…100g

作り方
1. 沸騰した牛乳にチャイを入れ、5分蒸らす。
2. 1のうち100gに生クリームと水飴を加え、再び沸騰させる。
3. ミルクチョコレートとトリモリンを合わせ、2を合わせる。
4. 3が40℃になったらバターを加え、しっかり混ぜて乳化させる（a）。

ガナッシュ・チャイは気泡をなくしてなめらかな仕上がりに

ガナッシュ・チャイはしっかり乳化させ、口当たりよく仕上げる。少しおいて落ち着かせ、気泡をなくしておく。

<ムース・トンカ>

材料
牛乳…460g　トンカ豆…4粒
卵黄…65g　グラニュー糖…58g
板ゼラチン…15g
35％生クリーム…400g

作り方
1. トンカ豆は砕いて牛乳に入れ、冷蔵庫で一晩ねかせる（b）。
2. 1と卵黄、グラニュー糖でアングレーズを作り、戻しておいたゼラチンを加える。
3. 生クリームを八分に立て、2に加え混ぜる。

<マカロン・チャイ・ショコラ>

材料
A＜アーモンドプードル…350g　粉糖…580g
　　シュークルルージュ…70g　ココアパウダー…40g＞
B＜卵白…160g　グラニュー糖…160g
　　液状卵白…180g　チャイ（茶葉）…少々
　　ガナッシュ・チャイ（左記参照）…適量＞

作り方
1. Bでメレンゲを作る。
2. Aを合わせてふるい、1のメレンゲの半量と液状卵白を混ぜ、残りのメレンゲも加えてしっかりまぜる（c・d）。色粉を適量入れてもよい。
3. 絞り袋に入れて天板に絞り、チャイをふりかける。
4. 上火220℃、下火140℃のオーブンに入れ、すぐ火を止めてそのまま5分おき、再び火を入れ、上火160℃、下火140℃で約9分間焼く。
5. 天板からはずし、ガナッシュ・チャイをサンドする。

<ピストレ>

材料
40％ミルクチョコレート…300g
カカオバター…200g

作り方
チョコレートを溶かし、カカオバターを加えて溶かし混ぜる。

<飾りショコラ>

材料
40％ミルクチョコレート…1000g
プラリネ・アマンド・ノワゼット…100g

作り方
湯煎で溶かしたミルクチョコレートとプラリネ・アマンド・ノワゼットをテンパリングし、OPPシートに薄くのばしてスジを入れ、トユ型にはめ込み、冷やし固める。

<仕上げ>

材料
金箔

作り方
1. タルトにフィヤンティーヌを敷き込み（e）、ガナッシュ・チャイを流し入れる。
2. 型にムース・トンカを入れ、ビスキュイ・ジョコンド・エピスを埋めるように入れ、冷やし固める。
3. 固まったら型から逆さに取り出し、ピストレを打ち、1のタルトにのせる。
4. 3に飾りショコラ、マカロン・チャイ・ショコラをのせ、金箔を飾り、ガナッシュ・チャイで模様を付ける。

牛乳にトンカ豆を1日浸して
香りを移し、ムースを作る

トンカ豆は砕いて牛乳に浸し、冷蔵庫で1日ねかせ、香りが移った牛乳を使ってムースを作る。

マカロナージュは
状態をよく見て適度に

マカロン生地は混ぜ過ぎないように注意するが、混ぜ足りないとピエが出ないので適度に。感覚が大切。

写真のように、流れる感じに仕上がればよい。生地感は多少ざらっとしている。

パータ・リンツァーにフィヤンティーヌを敷き込んでおく。

デリス・テ・ヴェール

パティスリー ラ プラージュ

抹茶とチョコレート、アーモンドの香りを楽しむ

チョコレートと抹茶、2種類のクリームを抹茶とアーモンドの生地でサンド。口溶けが違うので香りや味が順番に感じられる。ビターカカオの深い味わいも。

recette (57cm×37cm×高さ6cmのカードル1台分)

<抹茶のビスキュイ・ダマンド>
(60cm×40cmのフランス天板2枚分／カードル1台に4枚を使用)

材料
- タンプータン…1200g
- A<全卵…10個　卵黄…2個分>
- 卵白…6個分
- グラニュー糖…110g
- バニラエッセンス…少々
- ハチミツ…50g
- B<コーンスターチ…115g　抹茶…10g>
- 溶かし無塩バター…450g

作り方
1. ふるったタンプータン（a）にAを加えミキサーで白っぽくなるまで立てる。
2. 卵白とグラニュー糖でメレンゲを作る。
3. 1にバニラエッセンス、ハチミツを混ぜ、メレンゲとふるったBを加えてさっくりと混ぜ合わせ、溶かしバターを加え混ぜる。メレンゲが残らないように注意する（b）。
4. シルパットを敷いた天板に3を流し、平らにならす（c）。190℃のコンベクションオーブンで12分間焼成する。

<クレーム・ショコラ>

材料
- A<牛乳…200g　38％生クリーム…200g　卵黄…100g　グラニュー糖…40g>
- 板ゼラチン…2g
- 61％ビターチョコレート（ヴァローナ社「エキストラビター」）…200g

作り方
1. Aでクレーム・アングレーズを作る。
2. 1に戻したゼラチンを加え、シノワで漉し、ビターチョコレートを加える。均一に混ざったら氷水で冷ます。

<抹茶のクリーム>

材料
- A<38％生クリーム…750g　45％生クリーム…350g　グラニュー糖…180g>
- シロップ…50cc
- 抹茶…15g

作り方
1. Aを八分に立てる。
2. シロップを湯煎で温め、抹茶を加え、よくすり混ぜる。
3. 2を冷まし、1に加え混ぜる。

<仕上げ>

材料
- 抹茶リキュールシロップ／粉糖

作り方
1. カードルに逆さ仕込みにする。ビスキュイ・ダマンド、抹茶のクリーム、ビスキュイ・ダマンド、抹茶のクリーム、ビスキュイ・ダマンド、クレーム・ショコラ、ビスキュイ・ダマンドの順に重ねる。
2. ビスキュイ・ダマンドに抹茶リキュールシロップで軽くアンビベする。
3. 急速冷凍庫で冷やし固める。
4. 固まったらカードルをはずし、4cm×7cmにカットする。粉糖をふる。

ビスキュイ・ダマンドのタンプータンは軽くふるう

左右に振りながら粉に負担をかけないようにサラサラとふるい、アーモンドの油分が出ないようにする。

ビスキュイ・ダマンドはメレンゲが残らないように混ぜる

生地作りの途中でメレンゲを混ぜるときは数回に分けて加え、手早く。しかしメレンゲが残らないようによく混ぜる。

生地をシルパットにのばし、コンベクションオーブンで焼く。

chapter 4
Gâteau au fromage et pudding, gelée

チーズケーキ、プリン、ゼリー系のスペシャリテ

スティック Kiri

ラメール洋菓子店

クリームチーズを生かした、食べやすいスティックケーキ

クリームチーズをたっぷりと使った、スティックタイプのチーズケーキ。3層重ねの生地は、二度焼き生地にしっとりとしたクリーム、さらに一度焼きのポロポロした生地と、すべてにクリームチーズを使いつつ、調理法を変えて食感と味わいの変化を工夫。適度な塩気とレモンのさわやかな酸味を加え、食べやすく仕上げている。

recette (38cm × 29cm × 4cm のカードル1台分　※36本分)

<ポロポロサブレ>

材料
- 発酵バター…260g
- A <カソナード…180g　アーモンドプードル…225g
  　 ヘーゼルナッツプードル…25g　薄力粉…125g　強力粉…125g>
- シナモン…0.5g
- 塩…0.5g

作り方
1. 発酵バターを1cm角のさいの目にカットし、冷蔵庫で冷やしておく。
2. 材料Aを混ぜ合わせて冷やしておく。
3. 2にシナモン（a）、塩を加え、ふるいにかける。ここではダマを取り除くことが目的なので、ふるいに残った皮なども再度加える。
4. 3と1のバターをフードプロセッサーにかけ、ぼろぼろの状態にする。最初は粉状だが、混ぜている間に温度が上がり、液体分も出てまとまってくる。
5. ボールに移し、手のひらで軽くほぐし（b）、均一に仕上げる。250gは上面のふりかけ用に取り分けて冷蔵庫で冷やしておく。
6. 残った生地をカレ型にまんべんなくふり、上から押し型で均一にぎゅっと押し付ける。
7. 型詰めしたまま上火170℃のオーブンで約20分焼く。

<クリームチーズのアパレイユ>

材料
- クリームチーズ（Kiri）…450g
- バター…110g
- 上白糖…215g
- 全卵…2個
- 卵黄…4個
- 47% 生クリーム…150g
- 牛乳（低温殺菌）…100g
- 薄力粉…50g
- レモン果汁・表皮…1.5個分

作り方
1. クリームチーズをクリーム状になるまで混ぜる。バターは室温でもどしておく。
2. フードプロセッサーに、1と上白糖を入れ、しっかりと混ぜ合わせる。さらに全卵と卵黄、生クリームと牛乳を加えて混ぜ合わせていく（ここまでは作り置きが可能）。
3. 薄力粉を加えて（c）しっかりと混ぜ合わせ、仕上げにレモン果汁と皮を加えて混ぜ合わせる。レモンが加わると酸の影響で急激に生地が締まる。

<仕上げ>

1. 焼き上げたポロポロサブレに、アパレイユを流し、押し型で平らにならす。
2. 残して冷やしておいたポロポロサブレの生地を、上に散らす（d）。生地は少々固まって、ゴツゴツした食感が残る程度がよい。
3. 上火170℃、下火185℃のオーブンで、約40分間焼く。
4. 粗熱がとれたら冷凍庫で冷やし固め、型抜きする。
5. 13.5cm × 2cmに切り分け、包装する。

焼き上げ前までは生地をポロポロの状態に

粉類は混ぜたときにダマができないよう前日から冷やしておく。シナモンは香りが移りすぎるので、使用直前に混ぜる。

ある程度まとまってきたら、ボウルに移し、手でおおまかにほぐして均一に。

アパレイユは、しっかりつやを出す

薄力粉は使用直前に入れる。先に入れると生地が冷めて固まった時、加熱して溶かすことができなくなる。

ポロポロした食感の生地を仕上げにのせる

2回目の焼成の際、クリームを流した上に残った生地を散らす。生地は少々固まって食感が残る程度がよい。

タルト・シトロン・フロマージュ

ピエール・プレシュウズ

レモンの酸味をフロマージュでやわらげる

タルト・シトロンはレモンの酸味を味わうタルトだが、ともすると酸味だけが感じられ、単調な味わいになる。そこで、チーズとレモンというシンプルながら相性のよい組み合わせにした。レモンクリームとチーズのアパレイユの比率は1対4とチーズが多いが、味の前面に出るのが酸味であることに変わりない。しかし、ミルキーなフロマージュにカバーされているので、非常にマイルドな酸味に。

recette (作りやすい分量)

＜パート・シュクレ＞ (6.5cm×6.5cm×高さ1.5cmの角型8個分)

材料

発酵無塩バター（よつ葉乳業）…150g　粉糖…100g　全卵（小）…1個
アーモンドプードル…35g　薄力粉…280g

作り方

1. ポマード状にしたバターに粉糖を加え、空気が入らないように木べらですり混ぜる。
2. 溶いた全卵を3回に分けて1に加え、乳化させながら混ぜる。
3. アーモンドプードルとふるった薄力粉を2に入れ、さっくり混ぜる。
4. 3をラップに包み、冷蔵庫で一晩ねかせる。
5. 4を約400gとり、厚さ約2mmにのばし、型に敷き込む。
6. 5に重石を入れて180℃のオーブンに入れ、15〜20分程度焼く。
7. 重石をはずし、熱いうちに塗り卵（分量外）をして再度オーブンに入れ、塗り卵が固まるまで焼く。

セルフィーユ
フランボワーズ
ナパージュ
レモン
ブルーベリー
クレーム・シトロン
アパレイユ・フロマージュ
パート・シュクレ

＜アパレイユ・フロマージュ＞ (約35個分)

材料

クリームチーズ（ベル社「kiri」）…250g　全卵…1個　卵黄…1個分
35%生クリーム（中沢）…400g
A＜グラニュー糖…50g　薄力粉…15g＞

作り方

1. クリームチーズは電子レンジにかけ、やわらかくしておく。
2. 生クリームを鍋に入れ、沸騰寸前まで加熱する。
3. Aをボウルに入れ、2を少しずつ注ぎ入れながら泡立て器で混ぜる。
4. 3を1に少しずつ注ぎながら、泡立て器で混ぜる。
5. 全卵と卵黄を合わせてボウルに入れ、4を入れながら混ぜ、裏漉しする。ラップをして冷蔵庫で一日やすませる。

＜クレーム・シトロン＞ (約20個分)

材料

A＜レモンピューレ（無糖）…110g　レモンコンサントレ（濃縮ピューレ）…15g＞
B＜全卵…3個　卵黄…1個分　グラニュー糖…125g　コーンスターチ…5g＞
発酵無塩バター（よつ葉乳業）…125g

作り方

1. Aを鍋に入れ、沸騰寸前まで熱くしておく。
2. ボウルにBを入れ、泡立て器でよく混ぜ、1を加えてよく混ぜる。
3. 2を鍋に戻し、ゴムべらで混ぜながら中火で炊く（a）。
4. 3にとろみがついてきたら火からおろし、ボウルに移す。
5. ボウルの底を冷水に当てて人肌くらいまで冷まし、あらかじめ室温でマヨネーズくらいにやわらかく戻しておいたバターを加え、バーミキサーで乳化させる（b・c）。
6. ラップをして冷蔵庫に入れ、一晩やすませる。

＜仕上げ＞

材料

ナパージュ／フルーツ（フランボワーズ、ブルーベリー、レモン）／セルフィーユ

作り方

1. タルト（パート・シュクレ）にアパレイユ・フロマージュを九分目くらいまで流し、150℃のオーブンに入れ、アパレイユの表面が揺れなくなるまで、15〜18分焼く。焼き上がれば冷蔵庫で冷やしておく。
2. 1にクレーム・シトロンを塗る。パレットでゆるやかな山になるように盛りつけるとよい。
3. ナパージュを薄く塗り、フルーツとセルフィーユを飾る。

発酵バターを丁寧に混ぜ込み、なめらかに仕上げる

a
熱くしたレモンピューレとレモンコンサントレを、卵、グラニュー糖、コーンスターチを合わせた中に加え、炊く。混ぜながら、鍋底が見えるくらいまでしっかり火を通すのがポイント。

b
炊き上げて人肌に冷ましてから、室温に戻してやわらかくしておいたバターを混ぜ込む。バーミキサーを使って、クリームの中にバターが均一に広がるようなイメージで混ぜる。

c
クリームとバターが一体化して乳化した状態。ここまで混ぜると、なめらかなクレーム・シトロンができる。

ミ・キュイ・フロマージュ

シェ・シバタ

ナッツの香りとフランボワーズの酸味が効いた
さわやかな後味のチーズケーキ

ヘーゼルナッツ風味のサブレを敷いた型に、フランス産クリームチーズを使用したチーズ生地を流し、焼き上げたチーズケーキ。最後にフランボワーズのコンフィチュールでミ・キュイ（半生）の頭文字「M」を描いてアクセントにしている。ネット販売限定品。1日10台限り。

recette （直径15cmの丸型　6台分）

＜チーズ生地＞ （マンケ型15cm、6台分）

材料
- クリームチーズ…1209g
- グラニュー糖…800g
- 全卵…504g
- コーンスターチ…60g
- 生クリーム…1209g

作り方
1. クリームチーズをやわらかくしておく。
2. グラニュー糖、全卵、コーンスターチの順に加え、チーズのダマができないように注意して混ぜる（a）。
3. 生クリームを入れて漉し、弱火でとろみがつくまで煮上げる。

＜サブレ生地＞ （マンケ型15cm、6台分）

材料
- 有塩バター…120g
- 発酵バター…120g
- 塩…2g
- ベーキングパウダー…1g
- 粉糖…160g
- アーモンドプードル…72g
- 全卵…80g
- 薄力粉…200g
- 強力粉…200g
- ヘーゼルナッツ（粗刻み）…100g
- バニラオイル…適量

作り方
1. すべての材料を合わせてそぼろ状にする。
2. 型のサイズに合わせて焼く。

＜仕上げ＞

材料
- コンフィチュール・フランボワーズ／粉糖

作り方
1. サブレをセットした型にチーズ生地を流し込み、180℃のコンベクションオーブンで25分焼成する。
2. 途中、表面が乾燥してきたらコンフィチュール・フランボワーズで模様を絞る（b）。
3. 粉糖をふって仕上げる。

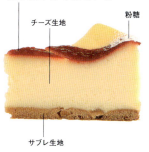

コンフィチュール・フランボワーズ／チーズ生地／粉糖／サブレ生地

チーズ生地は弱火で煮上げる

a

チーズのダマができないように混ぜながら、弱火でとろみがつくまで煮る。

模様は表面が固まってから

b

模様を最初からつけると焼いている間に沈むので、ある程度焼いて表面が固まってから絞る。

ケーゼクレーム トルテ

コンディトライ シュターン

ベイクドチーズとレアチーズの中間をいく
ふわっとやわらかい不思議なチーズケーキ

バターと砂糖を加えた生クリームを煮て卵黄を合わせ、クリームチーズと泡立てた卵白を加えてチーズクリームに。スポンジ生地を敷いた型に流し入れて焼く。ごく普通のプロセスだが、仕上がりの食感は独特のクリーミーさ。材料の割合、温度設定と焼き時間から生まれるこの店だけの味わいだ。

recette （18cm型　1台分）

＜チーズクリーム＞

材料
- 生クリーム…100g
- 水…150g
- グラニュー糖…38g
- バター…25g
- 卵黄…14g
- うき粉…33g
- バニラエッセンス…少々
- クリームチーズ…225g
- レモン汁…16g
- 卵白…50g
- グラニュー糖…25g
- 塩…少々

作り方
1. 生クリーム、水、グラニュー糖、バターを合わせ、弱火で煮る。
2. 卵黄とうき粉を混ぜ、1の一部を入れてなじませ、1に戻して混ぜ合わせる。
3. クリームチーズを加えてよく混ぜ、バニラエッセンスとレモン汁を加える。
4. 卵白にグラニュー糖と塩を加えて泡立て、3に加え混ぜる。

＜スポンジ生地＞

材料
- 全卵…125g
- グラニュー糖…50g
- 塩…少々
- 薄力粉…50g
- うき粉…5g
- 溶かしバター…20g

作り方
通常の方法で生地を作り、18cmの型に入れて焼く。
※バウムクーヘンの生地（P219）または他の生地でもよい。

＜仕上げ＞

材料
- 液卵…適量

作り方
スポンジ台にチーズクリームをのせ、液卵を塗り（a・b）、200～205℃のオーブンで15分ほど焼く。途中、向きを変えて焼きムラを防ぐ（c）。

焼き過ぎ、焼きムラに注意する

a 型にスポンジ生地を敷き、チーズクリームを入れる。スポンジ生地に限らず、他の生地やバウムクーヘンの残り生地を使ってもよい。

b 型の縁までチーズクリームを入れ、作業台に型を軽く落として空気を抜いた後、表面に液卵を塗る。

c 途中で型の向きを変え、焼きムラを防ぐ。表面に焼き色がついてふっくらしたらオーブンから出す。

トワ・フロマージュ

カフェタナカ

ゴルゴンゾーラチーズ風味の濃厚なクリームを
洋梨の甘味とライムの酸味で引き立てる

ゴルゴンゾーラ風味のクリームチーズをベースにしたクリームに洋梨のジュレとライムのクリームを組み合わせ、濃厚でありながらさわやかで軽やかな味わいが広がる。底面にはヘーゼルナッツを加えて香ばしく焼き上げたグラハムベースを敷き、食感に変化をつけている。

recette（一辺12cmの角型　4台分）

＜グラハムベース＞

材料
　グラハムクッキー…95g　ヘーゼルナッツ…40g　無塩バター…55g

作り方
1. グラハムクッキーとヘーゼルナッツをフードプロセッサーにかけ、粗めのパウダー状にする。
2. 1と溶かしバターを合わせる。

＜ジュレ・ポワール＞

材料
　洋梨のピューレ…344g　レモン果汁…32g　グラニュー糖…140g
　ペクチン…8g　ミエルサパン（もみの木のはちみつ）…小さじ1
　ポワールウイリアム（オードヴィー）…20g

作り方
1. グラニュー糖とペクチンを混ぜ合わせておく。
2. 洋梨のピューレとレモン果汁を合わせ、火にかける。1を少しずつ加えながら、温度を上げていき、ブクブクとしてきたら混ぜながら3分ほど加熱する。最後にミエルサパン、ポワールウイリアムを加えて混ぜる。

＜クレーム・ゴルゴンゾーラ＞

材料
　ゴルゴンゾーラ・クリームチーズ…427g
　クレーム・パティシエール…133g
　板ゼラチン…8g　フロマージュブラン…133g
　クレーム・ドゥーブル…133g

作り方
1. ゴルゴンゾーラ・クリームチーズをやわらかくクリーミーな状態に混ぜる。
2. クレーム・パティシエールに戻した板ゼラチンを合わせる。
3. 1にフロマージュブラン、2の順に加え（a・b）混ぜ、最後にしっかり立てたクレーム・ドゥーブルを合わせる（c）。

＜クレーム・シトロンベール＞

材料
　シトロンベールピューレ…175g　卵黄…100g　全卵…112g
　グラニュー糖…108g　板ゼラチン…2g
　無塩バター…90g　35％生クリーム…110g

作り方
1. シトロンベールピューレを60℃にあたためる。
2. 卵黄、全卵、グラニュー糖をよくすり合わせる。
3. 2に1を加えて混ぜ、鍋に戻して炊き上げる。
4. 3に戻した板ゼラチン、バターの順に合わせ、氷水に当てて冷ましてから冷蔵庫で冷やす。
5. 4を混ぜてやわらかくし、八分立てにした生クリームを加え、混ぜ合わせる。

＜洋梨のリキュール漬け＞

材料
　洋梨コンポート…3個分
　ポワールウイリアム（オードヴィー）…10g

作り方
1. 洋梨コンポートをポワールウイリアムにかるく漬けておく。
2. 飾り用を残し、1を小さくカットする。

クレーム・ゴルゴンゾーラは
なめらかに仕込む

やわらかくクリーミーに練ったクリームチーズに、フロマージュブランを合わせる。

ゼラチンを加えたクレーム・パティシエールを合わせる。

しっかり立てたクレーム・ドゥーブルを合わせる。

▶次ページに続く

<仕上げ>

材料

クレーム・シトロンベール／粉糖／セミドライ・ポワール／フランボワーズ／セルフィーユ

作り方

1. 型にグラハムベースを2mm厚さに敷き、冷やし固める。
2. 1にジュレ・ポワールを熱いうちに流し（d）、冷やし固める。
3. クレーム・ゴルゴンゾーラに洋梨のリキュール漬けを加えて混ぜ合わせ、2の上に絞る（e・f）。表面をならし、冷やし固める。
4. 3の上にクレーム・シトロンベールを流し、表面をすりきり、冷やし固める。
5. 型をはずし、粉糖をふり、クレーム・シトロンベール（生クリームを加える前のもの）をかける。セミドライ・ポワール、フランボワーズ、セルフィーユを飾る。

グラハムベースの上に洋梨のジュレを流す

型にグラハムベースを敷き、その上にジュレ・ポワールを流し、冷やし固めておく。

ポワールウイリアムに漬けた洋梨コンポートを加え、軽く混ぜる。

冷やし固めておいたジュレ・ポワールの上にクレーム・ゴルゴンゾーラを絞り出す。さらに冷やし、クレーム・シトロンベールを重ねる。

フロマージュ・クリュ

アグレアーブル

ベイクドチーズとレアーチーズ、2つのおいしさを重ねたオリジナル・ガトー

「チーズが好きな人にはたまらないはず」と言う通り、チーズのおいしさを多角的に楽しめるお菓子。ベイクドチーズはシンプルで少し固め、レアチーズはしっかり立てた生クリームの泡を含んだ軽い食感と酸味、その2つのチーズをエキゾチックなフルーツのとろりとしたクリームがつなぐ。頂のクランブルは飾りの役割だけでなく、サクサクとした食感と爽やかなシナモンの香りで全体のアクセントに。

▶次ページに続く

recette （作りやすい分量）

＜パート・シュクレ＞（仕込み量）

材料
- 無塩バター（タカナシ乳業）…800g
- A＜塩…13g　粉糖…500g　アーモンドプードル…170g＞
- 全卵…270g
- 薄力粉…1335g

作り方
1. 室温に戻したバターをやわらかく練り、合わせてふるっておいたAを混ぜ、溶きほぐした全卵を少しずつ加える。
2. ふるった薄力粉を一度に加え、さっくり混ぜ合わせる。冷蔵庫でねかせる。

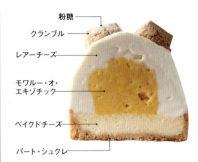

粉糖
クランブル
レアーチーズ
モワルー・オ・エキゾチック
ベイクドチーズ
パート・シュクレ

＜ベイクドチーズ＞（20個分）

材料
- クリームチーズ（タカナシ乳業またはベル社「kiri」）…650g
- 無塩バター（タカナシ乳業）…90g
- グラニュー糖…150g
- 卵黄…140g
- 42％生クリーム（タカナシ乳業「特選北海道フレッシュクリーム42」）…300g
- レモン汁…30cc
- ※クリームチーズにベル社「kiri」を使用する場合は、塩味が強いため、レモン汁を多めに入れる。

作り方
1. 室温に戻したクリームチーズとバター、グラニュー糖をゴムべらで混ぜ合わせる。
2. 1に卵黄、生クリームの順に加えて混ぜ合わせ、漉し、レモン汁を混ぜる。

＜モワルー・オ・エキゾチック＞（50個分）

材料
- A＜マンゴーピューレ…300g　バナナピューレ…200g　パッションピューレ…100g＞
- B＜全卵…200g　卵黄…150g　グラニュー糖…120g＞
- 板ゼラチン…8g
- 無塩バター（タカナシ乳業）…200g

作り方
1. Aを鍋に入れ、沸かす。
2. 銅鍋にBを合わせてブランシールし、1を加えて混ぜ、火にかける。泡立て器で混ぜながら底から気泡が出るまで充分に炊く。
3. 2に氷水でふやかしたゼラチンを加えて溶かし、漉す。
4. 粗熱がとれたらバターを入れてよく混ぜ、冷蔵庫で冷ます。

＜レアーチーズ＞（20個分）

材料
- A＜クリームチーズ（タカナシ乳業またはベル社「kiri」）…350g　グラニュー糖…50g＞
- 牛乳（タカナシ乳業）…50g
- レモン汁…20mℓ
- 47％生クリーム（タカナシ乳業「特選北海道フレッシュクリーム47」）…400g

作り方
1. Aをミキサーボウルに入れ、ビーターで混ぜ合わせる。
2. 1に牛乳を加えてよく混ぜ、レモン汁を加える。
3. 2に生クリームを加え、七～八分立てになるまで泡立てる。

＜クランブル＞（仕込み量）

材料

無塩バター…200g　グラニュー糖…200g　薄力粉…200g
アーモンドプードル…200g　シナモンプードル…10g

作り方

1. 薄力粉とアーモンドプードルを合わせてふるい、グラニュー糖と混ぜ、冷蔵庫で冷やす。
2. 冷たいバターと1、シナモンプードルをミキサーボウルに入れ、ビーターで混ぜる。
3. 厚さ1cmにのばし、2cm×2cmにカットし、上火・下火とも170℃のオーブンで10分焼く。

＜仕上げ＞

材料

粉糖

作り方

1. 直径6.5cm×高さ2cmのセルクルに厚さ2mmにのばしたパート・シュクレを敷き込み、上火・下火とも180℃のオーブンで空焼きする。
2. ベイクドチーズを1に入れ、上火・下火とも170℃のオーブンで15～20分焼く。セルクルをはずし、冷凍庫で冷凍する。
3. 2にレアーチーズを10番の丸口金で中央をあけて3周絞り（a）、その中にモワルー・オ・エキゾチックを同じ高さまで絞り、さらに、レアーチーズをモワルー・オ・エキゾチックが隠れるように絞る（b）。
4. 3をパレットでドーム形に整え（c）、クランブルを3個のせ、粉糖をふる。

ベイクドチーズ入りタルトに
レアーチーズを絞り、
山形に仕上げる

ベイクドチーズ（クリームチーズのアパレイユ）を入れて焼いたタルトに、レアーチーズ（クリームチーズのクリーム）を3周絞る。レアーチーズは生クリームを充分に泡立ててあれば崩れない。

中心部の空きにモワルー・オ・エキゾチックを絞り入れる。レアーチーズを3周絞った高さまで入れる。その後、再びレアーチーズを絞って、モワルー・オ・エキゾチックをおおう。

パレットナイフでならし、きれいな山形に形作る。ベイクドチーズのタルトにたっぷりのレアーチーズとモワルー・オ・エキゾチックが組み合わさり、このバランスのよさがおいしさになる。

フロマージュ

ゆりのき台　菓子工房　ノエル

コクのあるクリームチーズのムースにパッションと フランボワーズの甘酸っぱさをプラス

クリームチーズのムースにはレモンの皮やサワークリームを加えてさわやかさをプラス。しっかり泡立てたイタリアンメレンゲを加えて軽やかな食感に。パッションとフランボワーズのフルーティーな甘酸っぱさが、チーズの風味を引き立てている。

recette （6㎝×4.5㎝×高さ4㎝のオーバル型　100個分）

<ビスキュイ・ジョコンド＞60㎝×40㎝、4枚分

材料
- アーモンドパウダー…650g
- 粉糖…650g
- 全卵…940g
- メレンゲ＜卵白…520g　グラニュー糖…200g＞
- 薄力粉…170g
- 無塩バター…130g

作り方
1. アーモンドパウダー、粉糖をふるって低速のミキサーに入れ、全卵を加えて泡立てる。
2. 卵白にグラニュー糖を加えながら高速のミキサーでしっかり泡立てる。
3. 1に半量の2を加えて混ぜ、ふるった薄力粉を加えて混ぜる。残りの2を加え、沸騰直前まで熱したバターを加え混ぜる。
4. 天板に流し、230℃のオーブンで6〜7分焼く。

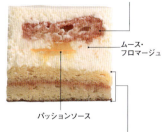

- ビスキュイ・ア・ラ・キュイエール
- ムース・フロマージュ
- パッションソース
- ビスキュイ・ジョコンド

<ポンシュA＞

材料
- ボーメ30°シロップ…400g
- 水…400g
- ホワイトラム…10g
- キルシュ…10g

作り方
すべての材料を混ぜ合わせる。

<フランボワーズのジャム＞

材料
- フランボワーズのコンフィチュール…400g
- キルシュ…20g

作り方
フランボワーズのコンフィチュールとキルシュを混ぜ合わせる。

<ビスキュイ・ア・ラ・キュイエール＞60㎝×40㎝、1枚分

材料
- 卵黄…180g　グラニュー糖…100g　バニラオイル…1g
- 卵白…315g　グラニュー糖…180g
- 薄力粉…280g

作り方
1. 卵黄にグラニュー糖、バニラオイルを加え、十分に泡立てる。
2. 卵白にグラニュー糖を加えながら十分に泡立てる。
3. 1に半量の2を加え、ふるった薄力粉を加える。残りの2を混ぜ合わせる。
4. 天板に流し、220℃のオーブンで10分焼く。冷めたら3㎝×2㎝のオーバル型で抜いておく。

<ポンシュB＞

材料
- フランボワーズのピューレ…300g
- ボーメ30°シロップ…240g　水…150g
- フランボワーズのリキュール…60g

作り方
すべての材料を混ぜ合わせる。

▶次ページに続く

<パッションソース>

材料
- パッションのピューレ…300g
- オレンジ果汁…100g
- グラニュー糖…300g
- 47％生クリーム…300g
- トリプルセック…30g
- ウォッカ…70g
- 無塩バター…300g

作り方
1. 鍋にパッションのピューレ、オレンジ果汁、グラニュー糖、生クリームを合わせて強火にかけ、全体量の65％になるまで煮詰める（a）。
2. 熱いうちにトリプルセック、ウォッカ、バターを加え、バターが溶けたら、氷水に当てて冷やす。

<ムース・フロマージュ>

材料
- クリームチーズ…1500g
- 卵黄…180g
- グラニュー糖…190g
- 白ワイン…100g
- 粉ゼラチン（戻した重量）…65g
- サワークリーム…375g
- レモンの皮…3個分
- 47％生クリーム…375g
- 35％生クリーム…375g
- イタリアンメレンゲ＜卵白…270g　グラニュー糖…250g　水…60g＞

作り方
1. クリームチーズを湯煎にかけ、やわらかくする。
2. 卵黄、グラニュー糖、白ワインを合わせて火にかけ、ペースト状になるまで加熱する。熱いうちに戻した粉ゼラチンを加え、溶かす。サワークリームを加え、裏漉しをして、1と合わせる。レモンの皮をすりおろして加える。
3. 卵白、グラニュー糖、水でイタリアンメレンゲを作り、冷やす。
4. 八分立ての生クリームと3を混ぜ、2と合わせる。

<仕上げ>

材料
- スイートチョコレート／クレーム・シャンティー／ブルーベリー／フランボワーズ／粉糖／セルフィーユ

作り方
1. ビスキュイ・ジョコンド1枚の底側にスイートチョコレートを薄く塗っておく。塗った面を下側にして、ポンシュAをかける（b・c）。フランボワーズのジャムを塗り（d）、もう1枚のビスキュイ・ジョコンドを焼き面を下にして重ねる。上面にポンシュAをかけ、6cm×4.5cmのオーバル型で抜く。
2. 型に1を敷き、ムース・フロマージュを絞り、パッション・ソースを少量流し込む。ポンシュBをしみ込ませたビスキュイ・ア・ラ・キュイエールを中央にのせ、残りのムース・フロマージュを絞り、表面を平らにし、冷蔵庫で冷やし固める。
3. 型をはずし、クレーム・シャンティー、ブルーベリー、フランボワーズ、粉糖、セルフィーユで仕上げる。

パッションソースをなめらかに煮詰める

パッションのピューレは酸味が強いので、生クリームを加えてまろやかにする。

ビスキュイ・ジョコンドにフランボワーズのジャムをサンド

焼き色のついた面はポンシュがしみ込みにくいので、ピケローラーでピケする。

ポンシュをたっぷりとスプレーして、ビスキュイ・ジョコンドをしっとりさせる。

フランボワーズのジャムを薄く塗る。酸味を少しだけプラス。

果実美人
~シークワァーサーとパイン酢のジュレ~

ポアール　帝塚山本店

「果実酢」をクレームとジュレに。
お酢の魅力を巧みに引き出す

健康志向の高まりと共に注目された「飲む果実酢」を、ゼリーとクリームという異なるパーツで楽しませる。果実酢のよき酸味を引き出すために、加熱してまろやかにしたり、乳製品と合わせつつ、冷却や加熱で酢の作用をコントロール。酢の性質を最大限利用している。マンゴーのジュレとシロップ煮を合わせて、酸味と甘味を調節。後味がさっぱりとして、夏らしさ満載のカップデザートだ。

▶次ページに続く

recette （カップ72個分）

<マンゴーシロップ漬け>

材料
- マンゴー（果肉）…600g
- 水…300cc
- グラニュー糖…120g

作り方
マンゴーは皮から外して2cm角に切り、水とグラニュー糖を沸かしたシロップで煮る（a）。

<果実酢のジュレ>

材料
- 果実酢（シークワァーサーとパインの酢）…600cc
- 水…2600cc
- グラニュー糖…200g
- ゼラチン…80g

作り方
果実酢、水、グラニュー糖を合わせて火にかけ、80℃まで加熱して（b）火からおろす。戻した板ゼラチンを入れて溶かし、氷水にあててとろみがつくまで冷やす（c）。

<マンゴージュレ>

材料
- マンゴーピューレ…780cc
- 水…2000cc
- グラニュー糖…800g
- レモン汁…380cc
- ゼラチン…58g

作り方
マンゴーピューレ、水、グラニュー糖を火にかけ80℃まで加熱し、火からおろす。戻した板ゼラチンを加えて溶かし、氷水にあててとろみがつくまで冷やす。

<ミルクゼリー>

材料
- 牛乳…675cc
- グラニュー糖…100cc
- ゼラチン…9g

作り方
牛乳、グラニュー糖を火にかけ、沸騰直前で火からおろす。戻した板ゼラチンを加えて溶かし、とろみがつくまで氷水にあてて冷やす。

<お酢のクリーム>

材料
- 果実酢（シークワァーサーとパインの酢）…30cc
- 47％生クリーム…300g
- グラニュー糖…15g

作り方
1. 生クリームにグラニュー糖を加え、泡立てないようにゴムベラですり混ぜる。
2. 果実酢を加え（d）、とろみがつくまでゴムベラでゆっくり混ぜる（e）。

マンゴーの甘みで、果実酢の酸味を引き立てる

マンゴーはよく熟れたものを用意し、2cmの角切りにし、シロップで煮てほんのり甘口に仕上げておく。

果実酢のジュレは、酸をとばしてゼラチンと合わせる

最低80℃まで加熱。酸をとばさないと、ゼラチンが凝固しない。80℃が酢の風味を損なわないラインだ。

ゼラチンを加えて溶かした後、氷水にあてて、濃度が出てくるまでゴムベラでゆっくりと混ぜ合わせる。4～5℃が目安。

<仕上げ>

材料

クリーム・シャンティー★／クラッシュゼリー★／パイナップル／フランボワーズ／ホワイトチョコレート／タイム

作り方

1. マンゴーのシロップ煮をカップの底に仕込み、シークヮーサーとパイン酢のジュレを1/3の高さまで流し入れ、冷やし固める。
2. マンゴージュレを2/3の高さまで流し入れ、冷やし固める。
3. ミルクのジュレを薄めに流し入れ、冷やし固める。
4. お酢のクリームを表面に流し、クリーム・シャンティーを絞る。フルーツ、クラッシュゼリー、ホワイトチョコレート、タイムで飾る。

クリーム・シャンティー★

47%生クリーム1000gにグラニュー糖50gを加え、泡立てる。

クラッシュゼリー★

<材料>グラニュー糖…250g　水…1000g　板ゼラチン…30g　コアントロー…適量

<作り方>
1. 水を火にかけてグラニュー糖を加え溶かし、火からおろして戻した板ゼラチンを入れて溶かす。氷水にあてて粗熱をとったらコアントローで風味付けをし、バットに流して冷やし固める。
2. 目の粗い濾し器で裏ごす。

お酢のクリームは、酢の力で自然なとろみを

乳脂肪分47%の生クリームとグラニュー糖を泡立てずにすり混ぜ、果実酢を加える。

酢を加えると、酸の影響で凝固し始めるので、ゴムベラでゆっくりと混ぜ、濃度をつけていく。

バニーユ

パティスリー シュクレペール

キャラメルを敷かずに卵本来のおいしさを生かした
究極のなめらかプディング

1日限定100個がいつも完売する人気ナンバー1のお菓子。卵はコクや甘味のバランスがほどよい「那須の御養卵」を使用。卵本来のおいしさを楽しんでもらいたいというシェフの思いから、キャラメルは底に敷かずに、トッピングする生クリームと合わせるかたちで使用している。

recette （22個分）

＜アパレイユ＞

材料
- 牛乳…1000g
- バニラビーンズ…2本
- 全卵…250g
- 卵黄…160g
- グラニュー糖…115g
- 38％生クリーム…400g

作り方
1. 鍋に牛乳とバニラビーンズを入れ、沸騰させる。
2. 全卵と卵黄をよくほぐし、グラニュー糖を加え、さらによく混ぜ合わせる（a・b）。
3. 2に生クリームを混ぜ、1を少しずつ合わせ、漉す。
4. 3をカップに流し、湯煎にかけて150℃のオーブンで60分焼く。

＜クレーム・キャラメル＞

材料
- キャラメル…40g
- 45％生クリーム…600g
- グラニュー糖…30g

作り方
キャラメルと生クリームを合わせ、グラニュー糖を加えながら、六分立てにする（c・d）。

＜仕上げ＞

プディングが冷めてからクレーム・キャラメルを流す。

卵はよくほぐしてから仕込むのがコツ

卵は「バニーユ」のみ"那須の御養卵"を使用している。

卵は泡立てないように注意しながらよくほぐすことが大切。

45％生クリームにキャラメルで風味づけ

キャラメルと生クリーム、グラニュー糖を合わせ、六分立てにする。

このくらいのなめらかな状態でストップ。プディングが冷めてから流す。

にしかまプリン

レ・シュー

単純な配合なだけにフレッシュな素材のよさが生きる

卵は「那須御養卵」、牛乳は脂肪分3.6％以上のものを使用。ひと絞りしたクレーム・シャンティーとスプーン1杯加えるクレーム・アングレーズがなめらかさを強調する。平日は300個、休日ともなると600個を売り切る一番の人気商品だ。

recette （直径6.5cm×高さ6.5cmのプリン型、10個分）

材料
　牛乳…1000cc
　バニラビーンズ…1本
　全卵…6個
　卵黄…47g
　38%生クリーム…50g
　グラニュー糖…220g
　キャラメルソース…80g
＜仕上げ＞
　クレーム・シャンティー★／クレーム・アングレーズ★

作り方
1. 鍋に牛乳とバニラビーンズを入れて（a）沸騰直前まで加熱する。
2. ボウルに全卵（b）、卵黄、生クリームを合わせ、グラニュー糖を加えて混ぜる。
3. 2に1を少しずつ加えて混ぜ（c）、漉す。
4. キャラメルソースを入れておいた容器に3を注ぎ、天板に並べる。湯煎にして上火150℃、下火140℃のオーブンで25〜28分焼く（d）。
5. 冷めたら、クレーム・シャンティーを絞り出し、クレーム・アングレーズをかける。

クレーム・シャンティー★
＜材料＞42%生クリーム…500cc　グラニュー糖…28g
＜作り方＞
　生クリームとグラニュー糖を合わせ、八分立てにする。

クレーム・アングレーズ★
＜材料＞牛乳…500cc　バニラビーンズ…1/2本　卵黄…120g　グラニュー糖…75g
＜作り方＞
1. 牛乳にバニラビーンズを入れて沸かす。
2. 卵黄とグラニュー糖を合わせて白っぽくなるまで混ぜ、1を少しずつ加えて溶きのばす。
3. 2を鍋に入れてとろみがつくまで煮てこし、氷水にあてて冷ます。

漉してなめらかにした生地を湯煎にかけて蒸し焼きに

a　バニラビーンズはていねいに裂いてから種をしごき出す。

b　卵は「那須御養卵」を使用。ちょっと焼きすぎてもとろっと仕上がるのが特長だ。

c　牛乳を卵液に少しずつ加えて溶きのばす。一度に加えると固まるので注意。

d　縁を持ってゆらし、プルプルゆれれば中は液体状態。余熱でちょうどよい加減になる。

パスティス

パティスリー シュクレペール

しっかり焼き上げたタルトと
プディングの食感の違いを楽しむ

アニス風味のリキュール「パスティス」にちなんで考案された、シェフの独創性が光るケーキ。サワークリームをベースとしたさわやかなココナッツ風味のタルトの上に、アニスの香りがほのかに感じられるバナナ風味のプディングをのせている。風味も食感もそれぞれ個性的なので、1つのケーキで2つの味わいが楽しめ、満足感がもたらされる。

recette （直径7cmのミラソン型　37個分）

＜パート・シュクレ・アマンド＞

材料
無塩バター…450g　粉糖…300g　アーモンドパウダー…75g
全卵…160g　薄力粉…825g

作り方
1. バターに粉糖とアーモンドパウダーを合わせ、全卵を3回に分けて合わせる。
3. 2にふるっておいた薄力粉を一度に加え、合わせる。
4. 3を2.5mm厚さにのばし、直径9.5cmに抜き、ミラソン型に敷いて冷やす。

＜アパレイユ・バナココ＞

材料
全卵…225g　グラニュー糖…100g　サワークリーム…400g
バニラエッセンス…適量　ココナッツファイン…165g

作り方
1. 全卵とグラニュー糖を合わせ、空気を入れないようによく混ぜ合わせる。
2. サワークリームをやわらかく練り、1を少しずつ加えて軽く合わせる（a）。
3. 2にバニラエッセンスとココナッツファインを合わせる。

＜クレーム・パティシエール＞

材料
卵黄…120g　グラニュー糖…120g　牛乳…500g　バニラビーンズ…1/2本
強力粉…60g　45％生クリーム…150g

作り方
1. 卵黄とグラニュー糖をよく混ぜ合わせる。
2. 鍋に牛乳とバニラビーンズを入れ、沸騰させる。
3. 1に強力粉を加え、2を加え、クリーム状に炊き上げる。
4. 3をよく冷ましてから、十分立てにした生クリームと合わせる。

＜プディング・バナーヌ・アニス＞

材料
牛乳…750g　アニス…10g　卵黄…150g　全卵…570g　グラニュー糖…150g
38％生クリーム…150g　バナナ…450g　バニラエッセンス…少量　キャラメル…適量

作り方
1. 鍋に牛乳とアニスを入れ、火にかける。沸騰したら火を止め、ふたをして2分蒸らし、こす。
2. 卵黄と全卵をよくほぐし、グラニュー糖を合わせ、よく混ぜる。さらに生クリームと合わせる。
3. バナナと1をジューサーで撹拌し、ジュース状にする。
4. 3を2に加えて混ぜ、バニラエッセンスを加える。
5. ココットにキャラメルを敷き、4を流し（b）、湯煎にかけて150℃のオーブンで50分焼く。

＜仕上げ＞

材料
バナナ／粉糖／アニス／セルフィーユ／ナパージュ・ヌートル

作り方
1. 型に敷いたパート・シュクレ・アマンドの上にアパレイユ・バナココを流し、スライスしたバナナを3枚のせ、180℃のオーブンで35分焼く（c）。
2. 1が冷めたら粉糖を薄く表面にかけ、クレーム・パティシエールを絞り、ココットからはずしたプディング・バナーヌ・アニスをのせる（d）。バナナ、アニス、セルフィーユ、ナパージュ・ヌートルで仕上げる。

アパレイユ・バナココのベースは、味が濃く、ほのかな酸味があり、加熱するとコクが生まれるサワークリームを使用。

アニス風味の牛乳とバナナでプディングを作る

キャラメルを敷いた型にアパレイユを流し、湯煎焼きにする。

しっかり焼き上げたタルトにプディングをのせていく

180℃のオーブンで35分、このくらいしっかり香ばしく焼き上げる。

粉糖をかけてクレーム・パティシエールを少し絞り、その上にプディングをのせる。

抹茶のプディング

ケーキハウス ミサワ

茶道で使う抹茶の気品あふれる香りを生かし
クリームのような食感に

あくまで本物の味を目指し、抹茶は製菓用のものではなく宇治のお点前用の抹茶を選ぶ。液体と混ぜると散り、しかも沈殿しやすいが、臼でひくような丁寧さでグラニュー糖と混ぜることで克服した。十勝大納言をあしらい、和のお菓子の風情を存分に盛り込んでいる。

recette (150cc カップ　28個分)

<アパレイユ>

材料
- 抹茶（お点前用）…22.5g
- グラニュー糖…335g
- 岩塩…少量　全卵…625g
- 牛乳…1300g
- 抹茶リキュール…少量

作り方
1. 水分をとばしてよく乾燥させたボウルに、抹茶、グラニュー糖、岩塩を入れ、ホイッパーでていねいにすり合わせる（a）。
2. 1に、材料の牛乳のうち75gを人肌程度にあたため、4〜5回に分けて少しずつ加え（b）、しっかりと撹拌しながらよく混ぜ合わせ、30分ほどやすませる。
3. 2に全卵を4〜5回に分けて加え（c）、ホイッパーでていねいに混ぜ合わせ、常温で1時間弱やすませる。
4. 残りの牛乳を45℃にあたため、3に数回に分けて少しずつ加え混ぜる（d）。最後に抹茶リキュールを入れてよく合わせ、メッシュの細かい裏漉し器で2回裏漉し、表面の泡をすくい取る。

<抹茶のソース>

材料
- 抹茶（お点前用）…7g　グラニュー糖…32g
- 牛乳…65cc
- 48%生クリーム…1400cc
- クレーム・パティシエール★…130g

作り方
1. ボウルに抹茶とグラニュー糖、クレーム・パティシエールを入れ、ホイッパーでていねいにすり合わせる。
2. 1に牛乳を加えてよく混ぜ、生クリームを合わせる。

<仕上げ>

材料
- キャラメル／クレーム・シャンティー／ホワイトボール（ホワイトガナッシュのくりぬき）／大納言小豆／チョコレートでコーティングしたアーモンド／セルフィーユ／抹茶

作り方
1. 容器にキャラメルを適量入れ、アパレイユを流し入れる。
2. バットに容器を並べ、カップの高さの1/5まで水を入れ、上火155℃、下火145℃のオーブンで45分焼く。
3. 2が冷めたら、上にクレーム・シャンティーを絞り、抹茶ソースを流す。ホワイトボールをのせ、大納言小豆を散らして、チョコレートでコーティングしたアーモンド、セルフィーユを飾り、抹茶をふる。

クレーム・パティシエール★

<材料>牛乳…2000cc　濃縮乳…200cc　無塩バター…215g　塩…少量　バニラビーンズ…1本　卵黄…250g　グラニュー糖…350g　コーンスターチ…80g　薄力粉…60g

<作り方>
1. 銅鍋に牛乳、濃縮乳、バターを入れ、中火にかけて沸騰させ、塩とバニラビーンズを加えて混ぜて火を止め、冷めたら裏漉しをする。
2. ボウルに卵黄、グラニュー糖を入れ、ホイッパーで全体が白っぽくなるまで撹拌する。
3. 2にコーンスターチ、ふるった薄力粉を加えてよく混ぜ合わせる。
4. 1に3を合わせ、再び火にかけて強火で炊き上げる。粗熱を取って漉し、冷蔵庫に入れて3〜4時間やすませる。

素材をていねいに合わせアパレイユを作る

a　製菓用の抹茶粉とは違い液体と混ざりにくいので、あらかじめグラニュー糖と完全に混ぜる。

b　牛乳の一部を人肌温度にあたためて混ぜ、ペースト状になったら30分ほどねかせる。

c　全卵を少しずつ加え、徐々になじませながら混ぜ合わせてなめらかな状態にする。

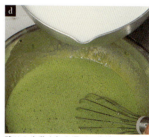

d　残りの牛乳を加え混ぜて裏漉しをかけ、香ばしいキャラメルを入れた器に流し入れて焼く。

オリエンタル

ショコラティエ パレ ド オール

ジャスミン茶のプディングに紅茶とライチの甘い香りのジュレを

クレーム・ブリュレ風のなめらかなプディングには、ジャスミン茶の香りをしのばせた。上に流すのは、紅茶にさわやかなライチの風味を添えたジュレ。紅茶は冷えても香りの高いニルギリを使う。シンプルだが、しっかりとオリジナルの味わいが光る一品。

recette（20個分）

<ジャスミン茶のプディング>

材料
- 水…250cc
- ジャスミン茶…50g
- バニラビーンズ…1本
- 牛乳…1000cc
- 全卵…5個
- 卵黄…15個分
- グラニュー糖…325g
- 35%生クリーム…750g

作り方
1. 鍋に水とジャスミン茶を入れ、弱火で充分に茶葉を開かせ、バニラビーンズを加える。
2. 1に牛乳を加えて沸騰直前まであたためる（a）。
3. ボウルに全卵、卵黄、グラニュー糖を入れてよく撹拌し、生クリームを加えて混ぜる。
4. 2に3を加えてよく混ぜ合わせ、シノワで2回漉して（b）カップの七分目まで流し入れ、160℃のオーブンで湯煎にかけて18分焼く。充分に粗熱が取れたら冷蔵庫で冷やす。

<紅茶とライチのジュレ>

材料
- 水…1000cc
- 紅茶（ニルギリ）…20g
- グラニュー糖…200g
- ライチのピューレ（冷凍）…250g
- 板ゼラチン…17g

作り方
1. 鍋に水を入れて沸かし、沸騰したら火を止めて茶葉を入れ、ふたをする。
2. 茶葉が開いてよい状態になったら漉して、グラニュー糖を加えてよく溶かす。戻したゼラチンを加え、凍ったライチのピューレを入れて混ぜ、粗熱をとる（c）。

<仕上げ>

材料
バナナ／いちご／クレーム・シャンティー／フランボワーズ／ミント／バニラビーンズ

作り方
1. プディングの上にバナナといちごを盛りつけ、固まりかけのジュレをフルーツがかぶるまで流し入れ（d）、冷蔵庫で冷やす。
2. 1に完全に立てたクレーム・シャンティーを熱い湯につけたスプーンで形を整えてのせ、フランボワーズ、ミント、バニラビーンズを飾る。

アパレイユには
ジャスミン茶の香りを

水にジャスミン茶とバニラビーンズを加えて加熱し、充分に葉を開かせてから牛乳を加える。

全卵、卵黄、グラニュー糖、生クリームを合わせて加え、2回漉してなめらかに。

あたたかい紅茶に
冷たいライチのピューレを

香りを立てた熱い紅茶に凍ったライチのピューレを加え、ライチの香りを封じ込める。

プディングの上にフルーツを飾り、ゼラチンでゆるく固めたジュレを流す。

蟠桃のブランマンジェ
ばんとう

菓子工房アントレ

幻の桃「蟠桃」を使いビターで深い香りを贅沢に楽しませる

香りづけに使用するのは、蟠桃の種子の核。アーモンドの原種が桃であることを知ったのが発端となり、中国原産の貴重な桃をあますことなく使いたいとの思いが創作の原点。150個の蟠桃からとれる核は同商品にしてわずか50個分。ビターでいて甘く濃厚な香りは他の桃では表現できない。7月からの予約限定商品。

recette（10個分）

<ブランマンジェ>

材料
- 牛乳…400g
- サワークリーム…40g
- グラニュー糖…110g
- 蟠桃の種子の核…23g
- ゼラチンパウダー…5g
- 水…40g
- 40%生クリーム…120g

作り方
1. 鍋に牛乳、サワークリーム、グラニュー糖を入れて加熱し、沸騰したら蟠桃の種子の核を入れて火を止める（a）。
2. 1をボウルに移し、ハンドミキサーでなめらかになるまで撹拌してから裏漉す。分量の水で戻したゼラチンパウダーを加えて混ぜ合わせる。
3. 2をよく冷やし、四分立てにした生クリームを加え混ぜる。

<蟠桃のコンポート>

材料
- 蟠桃の実…20個
- 水…1000g
- グラニュー糖…400g
- クエン酸…3.5g
- メキシコ産バニラビーンズ…2本

作り方
1. 蟠桃の実は皮をむいて種を取る。
2. 鍋に水、グラニュー糖、クエン酸を入れ、バニラビーンズを加えて中火にかける。
3. 2が沸騰したら1を加えてすぐに火を止め、火から下ろしてそのまま冷ます。

<パッションソース>

材料
- ゼラチンパウダー…5g
- パッションフルーツ（正味重量）…600g
- ボーメ17°シロップ…100g
- グラニュー糖…40g

作り方
1. ゼラチンパウダーは5倍量の水（分量外）で戻しておく。
2. パッションフルーツの果肉をとり出して裏漉す（b）。
3. 鍋に2、ボーメ17°シロップ、グラニュー糖を入れて中火にかけて煮詰める。
4. 3に1を加えてよく溶かし、火から下ろして冷ます。

<仕上げ>

材料
- セルフィーユ

作り方
1. 容器に食べやすくカットした蟠桃のコンポートを4〜5切れ入れ、ブランマンジェを流して冷蔵庫で冷やし固める（c）。固まったらセルフィーユを上に飾る。
2. パッションソースを1個につき30gずつ専用の容器に入れて添える。

牛乳とサワークリームに蟠桃の核で香りをつける

牛乳、サワークリーム、グラニュー糖に蟠桃の核を合わせて沸騰させ、香りをしっかりと移す。

生のパッションフルーツでソースを作る

千葉県八千代市産のパッションフルーツを使用。果肉を裏漉してグラニュー糖と合わせ、ゼラチンでとろみをつける。

蟠桃のコンポートを入れブランマンジェを流す

器にコンポートを入れ、四分立ての生クリームを加えたブランマンジェを流して冷やし固める。

あんずと杏仁

お菓子屋　ビスキュイ

杏の種から仕込む
"ケーキ屋の本格杏仁豆腐"

トッピングのアニス、クコの実、和風の陶器からもアジアの雰囲気漂う夏のスイーツ。「ケーキ屋の作る本格性＆できたて感」を大切にしており、杏仁はあんずの種をミキサーで砕くところから仕込む。表面に流す杏のコンフィチュールはフレッシュ感を出すため、サッと煮詰める程度で提供。

recette（カップ35個分）

<杏仁豆腐>

材料
あんずの缶詰（アルカン）…1缶
（あんずの実（540g）を使用後、種を残しておく）
牛乳…1000g
グラニュー糖…160g
板ゼラチン…27g
濃縮乳…1000g

作り方
1. あんずの種と少量の牛乳をミキサーに入れて細かく砕き（a・b）、鍋に移して残りの牛乳を加える。牛乳にあんずの香りが移るよう80℃まで煮出す。
2. 漉し器にかけて鬼皮を取り除き（c）、鍋に戻す。
3. 蒸発で減った分の牛乳を足し、グラニュー糖を加えて火にかける。沸騰直前に火からおろす。
4. 戻した板ゼラチンを入れて溶かし、50℃まで粗熱をとる。濃縮乳と合わせてカップに流し入れ、冷蔵庫で冷やし固める。

<あんずのコンフィチュール>

材料
あんず…300g
グラニュー糖…120g
アニス…1個

作り方
1. あんずは皮をむいて種を取り、角切りにする。
2. グラニュー糖、アニスと1を合わせて火にかけ、糖度38度になるまでさっと煮る（d）。糖度が低く、日持ちがしないので、こまめにつくること。

<クコの実のコンポート>

材料
水…500g
グラニュー糖…250g
クコの実…400g

作り方
1. 水、グラニュー糖を火にかけ、沸騰したらクコの実を入れて火を止める。
2. 保存容器に移し、冷蔵庫で一晩寝かせる。

<仕上げ>

材料
黒胡椒／アニス

作り方
1. 杏仁豆腐の上にあんずのコンフィチュールを流し、クコの実のコンポート、黒胡椒、アニスをのせる。

杏の種を砕いて牛乳と炊き、香りを移す

a
杏の種は、他の商品で杏の果肉を使った際に残ったものを保存しておく。通常捨ててしまうのでロス活用にも。

b
杏の種をミキサーで細かくなるまで撹拌する。種だけだと回りにくいので、牛乳を分量の中から少量使う。

c
残りの牛乳を加えて手鍋で加熱し、80℃まで沸かす。牛乳に杏の種の香りが移ったら、漉して鬼皮を除く。

コンフィチュールはフレッシュ感を

d
熟れた食べ頃のあんずを角切りし、糖度38度までサッと煮詰め、フレッシュ感を残す。アニスを加えて、味にアクセントを。

chapter 5
Gâteau roulé, Choux à la crème, Baumkuchen

ロールケーキ、シュークリーム、
バウムクーヘンのスペシャリテ

メープルロール

菓子工房 パオ・デ・ロ

風味は強く、生地とクリームはやわらか。このコントラストが個性的

季節ものだったが、お客の要望で定番にした。生地は、やわらかさとコシを出すためサラダ油とバターを使い分け、空気をたっぷり含ませて焼き上げる。この生地に合わせ、クリームもやわらかく仕上げて食感を徹底することと、生地とクリーム両方にメープルシュガーを使用して風味を際立たせているのが特徴。

recette （作りやすい分量）

＜メープルビスキュイロール＞ （54cm×39cm、1枚分）

材料
- 卵黄…240g
- メープルシュガー…110g
- ハチミツ…15g
- サラダ油…40g
- 牛乳…30g
- 卵白…400g
- グラニュー糖…130g
- 薄力粉…130g
- 無塩バター…25g

作り方
1. 卵黄、メープルシュガーを合わせ湯煎で溶かし、ミキサーで立て、湯煎で温めたハチミツを入れ、さらに立てる。
2. 白っぽくなればミキサーを止め、あらかじめ混ぜて湯煎にかけておいたサラダ油と牛乳を入れ（a）、手で混ぜ合わせる。
3. 卵白にグラニュー糖を一度に入れ、しっかりとしたメレンゲを立てる。
4. 2に3を2回に分けて入れる。
5. ふるった薄力粉をダマにならないように混ぜていく。
6. 湯煎で溶かしたバターを入れて気泡をつぶさないように混ぜる。
7. 天板に広げ、上火190℃、下火150℃のオーブンで10分焼く。

＜クレーム・ムースリーヌ＞ （1本分）

材料
- 牛乳…200g
- バニラビーンズ…1/5本
- メープルシュガーA…20g
- 卵黄…50g
- コーンスターチ…15g
- メープルシュガーB…50g
- 無塩バター…100g
- 38％生クリーム…105g

作り方
1. 牛乳、バニラビーンズ、メープルシュガーAを鍋に入れ火にかける。
2. 卵黄とメープルシュガーBをすり合わせ、コーンスターチを入れて混ぜる（b・c）。
3. 沸いた1の少量を2に入れ混ぜ、残りの1を入れ、鍋に移して煮る。
4. 3にバターを入れて混ぜ、裏漉しして、急冷する。
5. 生クリームを立てたところに4を入れ、仕上げる。

＜仕上げ＞
1. 生地の裏側全面にクレーム・ムースリーヌを塗り、巻く。
2. 1本15cm、1カット3cmに切る。

生地に入れるサラダ油はあらかじめ牛乳と合わせておく

サラダ油は先に牛乳と合わせて湯煎にかけ、乳化しやすくしてから立てた卵黄に加える。

クレーム・ムースリーヌにはコーンスターチを使う

卵黄にメープルシュガーを加えて、すり混ぜるように合わせる。

コーンスターチを加える。薄力粉でなくコーンスターチを使うのでやわらかいクリームができる。

岩シュー

ル・パティシエ ヨコヤマ

サクサクのシュー生地に
軽い口当たりのクリームを
たっぷり詰めて

シュー生地にクッキー生地をのせて香ばしく焼き上げた、サクサク感のある味わいが特徴。フレッシュなクレーム・パティシエールがたっぷり詰まっている。

recette（50個分）

＜パータ・シュー＞

材料
- 無塩バター…250g
- 牛乳…250g
- 水…250g
- 塩…2.5g
- グラニュー糖…50g
- 薄力粉…300g
- 全卵…10個（a）

作り方
1. 鍋にバター、牛乳、水、塩、グラニュー糖を入れて沸騰させ、薄力粉を加えて手早く撹拌する。生地がまとまったら火からおろす。
2. 1に全卵を1個ずつていねいに加えて混ぜ合わせ、しっかりした生地にする（b）。

＜パータ・フォンセ＞

材料
- バター…300g
- グラニュー糖…190g
- バニラエッセンス…少量
- 薄力粉…500g
- 全卵…125g

作り方
1. バター、グラニュー糖を軽く合わせ、バニラエッセンスを加える。薄力粉を加え、全卵を入れて軽く合わせ、冷蔵庫で2時間冷やし固める。
2. 1を1.5mm厚さにのばし、直径4cmの型で抜く。

＜クレーム・パティシエール＞

材料
- 牛乳…360cc
- バニラビーンズ…2/5本
- グラニュー糖…95g
- 卵黄…6個
- 薄力粉…14g
- コーンスターチ…14g
- 無塩バター…24g
- 38％生クリーム…100cc

作り方
1. 鍋に牛乳、バニラビーンズ、半量のグラニュー糖を入れ、加熱する。
2. ボールに卵黄、薄力粉、コーンスターチ、残りのグラニュー糖を入れ、よく練り合わせる。
3. 2に1を注ぎ、よく混ぜ合わせ、裏漉しをしながら銅鍋に移す。しっかりと加熱し、バターを加える。
4. 3をときどき撹拌しながら氷水に当てて冷やす。冷えたら、七分立てにした生クリームと合わせる。

＜仕上げ＞

作り方
1. 天板に薄く油（分量外）を敷き、パータ・シューを直径6cmの大きさに絞り出す。パータ・フォンセを1枚ずつのせ、200℃のオーブンで焼く（c）。
2. 1にクレーム・パティシエールを詰める（d）。

おいしさの出発点は新鮮で安全な素材から

千葉県印西市の田村養鶏園から毎朝直送される新鮮で安全な卵を使用している。

クッキー生地をのせてサクサク感を出す

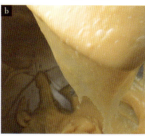

パータ・シューは最後に卵を1つずつ加えてのばし、しっかりした生地にする。

パータ・シューにクッキー生地をのせる。サクサクに香ばしく焼き上げる。

生地の食感を損なわないようにクリームは直前に詰める

お客の目の前でクリームを詰めて販売する。2～3時間以内に食べてもらいたい。

純生和三盆ロール

メゾン・スヴニール

生地にも、クリームにも和三盆の自然な甘さを生かし飽きのこない味わいに

シンプルなロールケーキだからこそ、飽きのこないおいしさがポイントとなる。自然な甘味を持つ和三盆を生地にもクリームにも贅沢に使用。和製の紙箱に収められたケーキはまるで和菓子のよう。年配の人にも広く愛されている人気ケーキである。

recette (8取天板12枚分)

<ロール生地>

材料
- 全卵…3000g
- グラニュー糖…1500g
- 和三盆…600g
- 無塩バター…300g
- 水…450g
- 薄力粉…1500g

作り方
1. 全卵、グラニュー糖、和三盆を高速のミキサーで撹拌し、八分立てになったら中速にして気泡を整える（a）。
2. バターと水を合わせ、60℃くらいにあたためておく。
3. 1に薄力粉を加え、2を合わせる。
4. 天板に流し（1枚あたり約580g）、天板を2枚重ね、180～190℃のオーブンで10～11分焼く（b）。

<クレーム・シャンティー>

材料
- 45%生クリーム…3000g
- 和三盆…360g

作り方
生クリームに和三盆を加え、七分立てにする。

<仕上げ>

材料
- 粉糖

作り方
1. ロール生地1枚につきクレーム・シャンティー250～270gを塗り（c）、手前から巻いていく（d）。
2. 1を冷やし固めてから、半分に切る。表面に粉糖をかける。

卵をしっかり泡立てて ふんわりした生地に焼き上げる

a

ふんわり、しっとりとした生地に焼き上げるためには、卵をしっかり泡立てておくことがポイント。

b

天板を2枚重ね、180～190℃のオーブンで10～11分焼き、ふんわりと仕上げる。

生地とクリームの バランスがポイント

a

生地1枚に対し、クリーム250～270gを使用するとバランスのよいケーキに仕上がる。

b

手前から向こうに巻いていく。巻き終わったら冷やし固めておく。

エクレール・オ・キャラメル、エクレール・アリアンス

シェ・シバタ

フランス式の手法で作るスタイリッシュなエクレア

フランスでもっともポピュラーなお菓子。しっかり焼き上げたシュー生地に穴をあけてクリームを詰め、反対側に指でフォンダンを塗る。細く長いボディーと一直線に塗られたフォンダンが、美しいフォルムを作っている。

recette（24本分）

<シュー生地>

材料
無塩バター…125g　水…200g　牛乳…200g　塩…7g　グラニュー糖…6.5g
強力粉…45g　薄力粉…125g　全卵…5個

作り方
1. バター、水、牛乳、塩、グラニュー糖を鍋に入れ沸騰させる。
2. 小麦粉を一気に加え、手早く混ぜる。
3. しっかり加熱したら徐々に卵を入れる。
4. 固さを調整したら、絞り袋で細く絞り出す。
5. オーブンに入れ、しっかりと焼く。
6. 焼き上がって粗熱がとれたら、上面にクリームを詰めるための穴を数カ所あけておく。

<キャラメルクリーム>（約24本分）

クレーム・パティシエール★850g、クレーム・シャンティー100g、キャラメル・バズー★104gを混ぜ合わせる。

<抹茶クリーム>（約24本分）

材料
クレーム・パティシエール★…850g
クレーム・シャンティー（グラニュー糖7％）…216g　抹茶パウダー…8g
オレンジカット（刻んだオレンジピール）…54g　グランマルニエ…12g

作り方
すべての材料を合わせる。

<フォンダン・キャラメル>

フォンダン適量とキャラメルソース適量を混ぜ合わせる。

<フォンダン・アリアンス>

フォンダン適量、シロップ適量、抹茶パウダー適量を混ぜ合わせる。

<仕上げ>

材料
オレンジの砂糖漬け

作り方
1. あけておいたシューの穴にキャラメルクリームと抹茶クリームをそれぞれ詰める（a）。
2. 返して、フォンダンを落とし（b）、まっすぐに塗り広げる（c）。
3. エクレール・オ・キャラメルにオレンジの砂糖漬けをトッピングする。

クレーム・パティシエール★
<材料>牛乳…1000g　卵黄…12個分　グラニュー糖…280g　薄力粉…150g　バニラ…1本
<作り方>
1. 牛乳とバニラを鍋に入れ加熱する。
2. 卵黄、グラニュー糖をよくすり合わせて、ふるっておいた薄力粉を加える。
3. 1を2に混ぜ、鍋に戻して煮上げる。
4. 煮上がったら、すぐにパッセし、急冷する。

キャラメル・バズー★
<材料>グラニュー糖…1000g　水…適量　生クリーム…1000g
<作り方>
1. グラニュー糖と水を火にかけキャラメルを作る。
2. 好みの香り、色になったら、生クリームを加える。
3. 再び弱火にかけて固まりになったキャラメルを溶かす。
4. パッセしておく。

フォンダンは一直線に塗り、すっきりした姿に仕上げる

a　しっかり焼いたシューの表面に4つの穴をあけ、クリームを絞り入れる。

b　裏面（平らなほう）にフォンダンを塗る。フォンダンをスパチュールにとり、直線を描くように一気に落とし流す。

c　指を使って塗り広げ、平らな一直線になるように仕上げる。

テ・ノワ

カフェタナカ

刻みたてのヘーゼルナッツやチョコレートを
紅茶風味の生地とクリームでやさしく包む

口当たりのソフトなジェノワーズに、紅茶の香り豊かで軽やかな味わいのクリーム「シャンティー・パフュメ」を
たっぷり巻き込んだロールケーキ。茶葉は世界三大銘茶の一つ「キーマン」を使用。刻みたてのヘーゼルナッツ
やチョコレートをクリームといっしょに巻き込み、香ばしい味わいを増強させている。

recette（60cm×40cm　2枚分　※26個分）

＜ジェノワーズ＞

材料
- 全卵…12個
- グラニュー糖…360g
- メープルシュガー…10g
- 薄力粉…239g
- アールグレイパウダー…21g
- 無塩バター…120g
- 牛乳…60g

作り方
1. 全卵とグラニュー糖、メープルシュガーを合わせ、中速のミキサーでリュバン状になるまでしっかり撹拌する。
2. 薄力粉とアールグレイパウダーはいっしょにふるっておく。
3. 溶かしたバターと牛乳を合わせ、人肌温度に冷ましておく。
4. 1に2、3の順にさっくりと合わせる。
5. ベーキングシートを敷いた天板に4を1cm厚さに流し、180℃のオーブンで8分焼く。

＜シャンティー・パフュメ＞

材料
- 水…111g
- 紅茶（キーマン）…50g
- 35％生クリーム…750g
- 45％生クリーム…750g
- メープルシュガー…33g
- 純粉糖…150g

作り方
1. 水を沸騰させ、紅茶に注ぎ、茶葉（a）をふやかす。
2. 1を生クリームに入れ（b）、2時間おいて香りをなじませる。
3. 2を漉し、メープルシロップと純粉糖を加えて九分立てにする。

＜紅茶のシロップ＞

材料
- 水…700g
- 紅茶（キーマン）…25g
- グラニュー糖…590g

作り方
1. 水を沸騰させて紅茶を加えて数秒煮出し、火を止めて3分蒸らす。
2. 1を漉し、グラニュー糖を加えて溶かす。

＜仕上げ＞

材料
- ヘーゼルナッツ／スイートチョコレート（ミハオ）／生クリーム／アールグレイパウダー／粉糖／ノワ・キャラメリゼ／あめ

作り方
1. ジェノワーズに紅茶のシロップを塗り、シャンティー・パフュメを塗る（c）。刻みたてのヘーゼルナッツとチョコレートを全体にかけ、手前から向こうに巻く（d）。冷蔵庫でしばらくねかす。
2. 1の表面に八分立てにした生クリームを塗り、側面に刻みたてのヘーゼルナッツをつけ、その上にアールグレイパウダーと粉糖をふる。少し冷やして状態を落ち着かせてからポーションサイズにカットし、ノワ・キャラメリゼとあめを飾る。

クリームの香りづけに「キーマン」を使用

a

世界三大銘茶の一つである「キーマン」を使用。ちょっぴりスモーキーな風味が特徴。

b

茶葉を少量の熱湯で蒸らし、香り高さを存分に引き出してから生クリームに加える。2時間漬け、香りをゆっくりなじませる。

クリームがはみ出さないようにバランスよく巻き込む

c

ジェノワーズに紅茶のシロップを塗り、シャンティー・パフュメを塗り広げる。巻き終わり部分は薄めに塗るのがポイント。

d

刻みたてのヘーゼルナッツ、チョコレートを散らして巻く。冷やして状態を落ち着かせてからポーションサイズにカットする。

ミュウ

菓子工房 パオ・デ・ロ

スイーツ好きを魅了するシュークリーム入りのロールケーキ

シュークリーム、たっぷりのクリームとフルーツをやわらかなスポンジで巻いた看板商品。厳密には巻くのではなく、棒状に焼いたシューを芯にし、スポンジで両側から具を覆い包んでいる。

recette (作りやすい分量)

＜ビスキュイ・キュイエール＞ (54cm×39cm、1枚分)

材料
卵黄…190g　グラニュー糖A…140g　卵白…270g
グラニュー糖B…90g　薄力粉…175g

作り方
1. 卵黄とグラニュー糖Aを合わせ、ミキサーでもったりするまで立てる。
2. 卵白にグラニュー糖Bを入れ、しっかりしたメレンゲを立てる。
3. 1に2のメレンゲの1/3量を入れて混ぜ合わせ、ふるった薄力粉を2回、残りのメレンゲを2回に分け、交互に加え混ぜて生地を作る。
4. 天板に斜めに生地を絞り(a)、上火180℃、下火150℃のオーブンで12～13分焼く。

卵黄、卵白、粉は分けて合わせ
ふんわりとした生地に仕上げる

絞り袋に入れ丸8号の口金で斜めに手早く絞り出す。時間が経つと生地のふくらみが悪くなるので、店では一度に2枚ずつの生地を作り、焼く。

＜パータ・シュー＞

材料
牛乳…550g　無塩バター…220g　塩…3g　グラニュー糖…15g
強力粉…170g　薄力粉…170g　全卵…450g

作り方
1. 鍋に牛乳、バター、塩、グラニュー糖を入れ、強火にかける。
2. 1が沸騰してきたら、火からはずし、ふるっておいた強力粉と薄力粉を一気に入れ、木ベラで混ぜ合わせる。もう一度強火にかけ、ひたすらかき混ぜ、鍋底に白い膜ができたら火を止め、全卵を少しずつ、つなぎながら入れていく。
3. できた生地を39cm長さに絞る。
4. 上火220℃、下火210℃のオーブンで45分、さらに5分乾燥焼きをする。

＜フルーツ＞ (2本分)
キウイ2個分、いちご25粒、オレンジ160gを細かく乱切りにする。

＜シャンティー＞
42％生クリーム700g、38％生クリーム300g、グラニュー糖70gを合わせて七分立てにする。

クリームやシューを
スポンジで「包んで」仕上げる

一面にシャンティーを塗り、生地の中央部分、面積の3分の1にフルーツをのせ、フルーツの上にもシャンティーを重ねる。

＜クレーム・パティシエール＞

材料
牛乳…1000cc　卵黄…300g　グラニュー糖…140g　薄力粉…35g
コーンスターチ…35g　バニラビーンズ…1/2本　無塩バター…50g
生クリーム…350g　グラニュー糖…20g

作り方
通常の方法でクレーム・パティシエールを作る。

半分に切ったシューを中央にのせ、クレーム・パティシエールを絞る。シューの底で蓋をし、両側に隙間を埋めるようにシャンティーを塗る。

＜仕上げ＞

作り方
1. ビスキュイ・キュイエールの表面に粉糖をふり、その面を下にして置く。
2. 1にクレーム・シャンティーを塗り広げ、中央部分、面積の1/3にフルーツをのせ、フルーツの上にもシャンティーを重ねる(b)。
3. パータ・シューを半割にして2の中央にのせ、クレーム・パティシエールを絞り入れる。シューの残り半分で蓋をし、シューの両側に隙間を埋めるようにシャンティーを塗る(c)。
4. ビスキュイ・キュイエールを持ち上げて具を包むようになじませ、上面にシャンティーを塗り、上下を返して形をととのえる(d)。
5. 1本16cm、1カット3.5cmに切る。

ペーパーごと包むようにスポンジを持ち上げた後、手で生地と具を密着させ、上面にシャンティーを塗り、上下を返して形をととのえる。

ルーロ・オ・ブラン

ケーキハウス ミサワ

ソフトな生地でフルーツを包み
ボリューム感たっぷりに仕上げる

きめは粗いのにソフトな食感。矛盾する要素を職人の技で昇華させたオリジナルのビスキュイ・バニラが、この商品の魅力。どこにでもありそうなケーキなのに、この店でしか味わえない。それが、心に響くケーキを提供したいというシェフの狙いだ。

recette（24個分）

＜ビスキュイ・バニラ＞ 32.5cm×41.5cm、2枚分

材料

卵黄…560g　グラニュー糖…280g
はちみつ…100g
メレンゲ＜卵白…450g　グラニュー糖…200g＞
薄力粉…180g
無塩バター…90g

作り方

1. ボウルに卵黄を入れてほぐし、グラニュー糖を加えてよくすり混ぜる。このまま常温で20～30分ほどねかせる。
2. ミキサーに1を入れ、高速で全体が白っぽくなるまでしっかりと立ててから、はちみつを加え混ぜる。
3. 別のミキサーに卵白を入れて高速で立て、途中でグラニュー糖を2～3回に分けて加え、七分立てのメレンゲを作る（a）。
4. 2にふるった薄力粉と3のメレンゲの1/2量を加えて混ぜ、粉っぽさがなくなったら残りのメレンゲを加えてさっくりと混ぜ合わせる。
5. 4に溶かしたバターを加えて混ぜ、オーブンシートを敷いた天板2枚に等分に流し、カードで表面を整えて上火180℃、下火160℃のオーブンで約17分焼く（b）。

＜クレーム・シャンティー＞

材料

45％生クリーム…1500cc
フロストシュガー…135g
バニラエッセンス…少量

作り方

ボウルにすべての材料を入れ、氷水に当てながら八～九分立てにする。

＜仕上げ＞

材料

クレーム・パティシエール★／パイクラム／いちご／キウイフルーツ／白桃のコンポート／ナパージュ・ヌートル／ピスタチオ

作り方

1. ビスキュイの粗熱を取り、表面にクレーム・パティシエールを1cm厚さに塗る。
2. 1の生地の手前にクレーム・シャンティーを絞って、スライスしたいちご（c）、キウイフルーツ、白桃のコンポートをのせ、その上にクレーム・シャンティーをたっぷり塗る（d）。
3. 2を手前からロール状に巻き、両サイドにクレーム・パティシエールを塗り、上面中央にクレーム・シャンティーを丸口金で5列絞る。両サイドにパイクラムを貼りつける。
4. 3を1本あたり12個にカットし、いちごを上にのせてナパージュ・ヌートルでつやを加え、ピスタチオを添える。

クレーム・パティシエール★

＜材料＞牛乳…2000cc　濃縮乳…200cc　無塩バター…215g　塩…少量　バニラビーンズ…1本
卵黄…250g　グラニュー糖…350g　コーンスターチ…80g　薄力粉…60g

＜作り方＞
1. 銅鍋に牛乳、濃縮乳、バターを入れ、中火にかけて沸騰させ、塩とバニラビーンズを加えて混ぜて火を止め、冷めたら裏ごしをする。
2. ボウルに卵黄、グラニュー糖を入れ、ホイッパーで全体が白っぽくなるまで撹拌する。
3. 2にコーンスターチ、ふるった薄力粉を加えてよく混ぜ合わせる。
4. 1に3を合わせ、再び火にかけて強火で炊き上げる。粗熱を取ってこし、冷蔵庫に入れて3～4時間やすませる。

メレンゲは七分立てにして立てすぎないことがポイント

立てすぎると乾燥メレンゲのようになってしまうので、高速のミキサーで短時間で立てる。

厚めに天板に流しソフトに焼き上げる

焼き上がりの厚さは約3cm。ゆるく立てたメレンゲがこのソフトなボリューム感を出す。

フルーツとクリームのバランスで鮮やかな断面に仕上げる

ロールにするので、フルーツが断面の真ん中にくるよう、手前に並べていく。

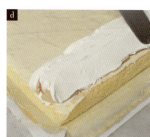

クレーム・シャンティーをフルーツの上に絞り、パレットナイフで整える。

ふわふわロール

パティスリー ボン・クラージュ

ふわふわのロール生地と
甘さ控えめのクリーム、
華やかなフルーツで後味さわやか

数多くロールケーキを揃える同店で、フルーツたっぷりのロールケーキは定番の人気商品。同じロールケーキとはいえそれぞれ微妙に配合が異なり、これは一番原点に近い配合だそうだ。クレーム・パティシエールには、風味のよい低温殺菌牛乳、上品な甘さのざらめ糖を使う。

recette（直径10cm×長さ35cm　4本分）

＜ロール生地＞（50cm×35cm、2枚分）

材料
- 全卵…1000g
- グラニュー糖…500g
- 薄力粉…225g
- 小麦でんぷん…25g

作り方
1. ミキサーに全卵とグラニュー糖を入れ、高速から中速、低速にして混ぜ、ふるった薄力粉と小麦でんぷんを加えて混ぜる（a）。
2. 1を天板に流し入れ、上火200℃、下火240℃のオーブンに入れ、天板の下に逆さにした天板をもう1枚入れて8〜9分焼く。

＜クレーム・パティシエール＞

材料
- 低温殺菌牛乳…1000cc
- バニラビーンズ…1/2本
- 冷凍卵黄（加糖）…232g
- ざらめ糖…140g
- 薄力粉…50g
- コーンスターチ…25g
- 有塩バター…60g
- 36％生クリーム（無糖）…150g

作り方
1. 牛乳とバニラビーンズを鍋に入れ、70℃にあたためる。
2. ボウルに卵黄、ざらめ糖を入れてすり混ぜ、ふるった薄力粉とコーンスターチを加えて混ぜる。
3. 2に1を2回に分けて入れ、こす。
4. 3を鍋に戻し入れ、バターを加えて混ぜながらとろりとなるまで煮て、八分立てにした生クリームを加える。

＜仕上げ＞

材料
粉糖／クレーム・シャンティー／いちご（あまおう）／キウイフルーツ／オレンジ／バナナ／セルフィーユ

作り方
1. ロール生地は1枚を2等分に切り、焼いた面に粉糖をふって裏返し、クレーム・シャンティーをたっぷり塗る。
2. 1の上にクレーム・パティシエールを、間隔をあけて3本絞り出す。幅の広いところにキウイフルーツをのせてクレーム・シャンティーを絞り出し、オレンジをのせる。いちごものせ、手前から巻く（b・c・d）。
3. 上にクレーム・パティシエールを絞り出し、適宜切ったフルーツを飾り、セルフィーユを添える。

ロール生地はたれるくらいやわらかい配合でしっとりと

全卵とグラニュー糖をミキサーで混ぜ、リボン状に落ちるくらいまで撹拌する。

たっぷりのフルーツをのせて手前から一気に巻き込む

フルーツの大きさに合わせ、クレーム・パティシエールを絞りフルーツをのせる。手前から2/3あたりまでにすると巻きやすい。

紙を静かに持ち上げ、縁をクレーム・パティシエールの絞り出してあるところに合わせる。

一気に巻き、定規などをあててきゅっと締める。この力の入れ加減がコツ。

バウムクーヘン

コンディトライ シュターン

ぜいたくな材料を
シンプルな形にまとめた
充足感のある伝統菓子

ドイツ菓子の中で日本人にもっとも親しまれているバウムクーヘンは、ドイツでは主に進物用や結婚式用として使われる格式あるもの。薄くカットして口に入れると、しっとりとなめらかな食感が印象的。味わいはおだやかで、後を引くおいしさだ。サイズや段数が選べるのも好評。

recette（作りやすい分量）

材料
- 無塩バター…500g
- マジパン…85g
- 砂糖…80g
- 米あめ…37g
- ハチミツ…45g
- 生クリーム…50g
- ラム酒…7g
- レモン汁…5g
- バニラエッセンス…3g
- 卵黄…475g
- うき粉…450g
- 薄力粉…100g
- 卵白…500g
- 砂糖…335g
- 塩…3.5g

作り方
1. うき粉と薄力粉は合わせてふるっておく。
2. バター、マジパン、砂糖、米あめ、ハチミツ、生クリームをミキサーに入れ、低速から中速で混ぜる。途中、ラム酒、レモン汁、バニラエッセンスを加える。
3. 卵黄を3回くらいに分けて2に混ぜ入れる。途中、ときどきバーナーで温める(a)。
4. ふるっておいた1の粉を混ぜ、さっくり合わせる。
5. 別のボウルで卵白に砂糖と塩を加え、八分立てくらいに泡立てておく。
6. 4のボウルに5を少しずつ加え、気泡をつぶさないように手で混ぜ合わせる。
7. 専用オーブンを250～280℃にし、容器に生地を入れ、ホイルを巻いた芯棒にかけ、焼く（b）。
8. 15～20秒ほど焼き、再び生地をかけ、焼く。これをくり返して層を作り、6層ほどになったところで櫛型を当てて生地に溝をつける（c）。
9. さらに7～8回くり返してオーブンから出す。
10. 常温において冷ました後、カットする（d）。

生地は温めながら混ぜる

生地が冷えるとかたくなるので、冷たい卵黄を入れた後はバーナーで温めて温度調整しながらミキシングする。

生地を手早く重ねながら13～14層に焼き上げる

250～280℃で、15～20秒焼く。焼き色を見て再び生地をつけて焼く。これを手早くくり返し、層を作っていく。

6回ほどくり返して太くなったところで、生地をつけた芯棒に櫛型を当てて溝をつけ、リング型にする。

広く、薄くカットする

ナイフを斜めに入れ、断面が広くなるように、薄くカットする。

シュー・セザム

パティスリー ロア レギューム

コアントロー風味のクリームと
黒ごま風味のクリームを
香ばしく焼いた生地にサンド

黒ごまはシェフの実家の畑で収穫したもの。1日限定20個(秋〜冬のみ)。パータ・シューにもクリームにも黒ごまの香ばしさがあり、口当たりのよいコアントロー風味のクリームが、黒ごまの風味をいっそう引き立てる。

recette（36個分）

＜パータ・シュー＞

材料
- 水…150g　牛乳…150g
- 塩…3g　グラニュー糖…8g
- 無塩バター…135g
- 薄力粉…165g　全卵…320g
- ごまのチュイル生地＜グラニュー糖…50g　黒砂糖…25g　薄力粉…30g　水（40℃）…35cc　溶かしバター…35g　黒ごま…35g＞

作り方
1. 鍋に水、牛乳、塩、グラニュー糖、バターを入れ、火にかける。沸騰したら火を止めて薄力粉を加え、だんご状になるまでよく混ぜる。少し熱を加えながら水分を抜いていく。
2. 1をボウルに移し、全卵を混ぜる。熱いうちに天板に長さ12cmの半円状に絞り出し、表面に卵（分量外）を塗る。
3. ごまのチュイル生地の全材料を合わせておく。
4. 2を200℃のオーブンで約20分焼く。途中で3をのせて（a）こんがり焼く。

＜クレーム・コアントロー＞

材料
- クレーム・パティシエール＜牛乳…500cc　バニラビーンズ…1本　卵黄…8個　グラニュー糖…125g　カスタードパウダー…25g　薄力粉…25g　無塩バター…15g＞
- 47％生クリーム…200g
- コアントロー…20cc

作り方
1. クレーム・パティシエールを作る。鍋に牛乳とバニラビーンズを入れて沸騰させる。卵黄とグラニュー糖を白っぽくなるまでよく混ぜ合わせ、カスタードパウダーと薄力粉を入れ、牛乳の一部を加えてのばす。これを牛乳に戻し入れ、強火にしてつやが出るまでしっかり炊き上げる。最後にバターを加える。ブラックに薄く広げ、すぐに冷ます。
2. 1を使うときに裏漉しをし、八分立てにした生クリームを合わせ、コアントローを加える（b）。

＜クレーム・セザム＞

材料
- 黒ごま…95g　47％生クリーム…70g
- クレーム・パティシエール…310g
- プラリネ・アマンド…31g　粉糖…46g
- 47％生クリーム…545g

作り方
1. フードプロセッサーにごまと生クリームを入れ、粉砕する。
2. クレーム・パティシエールにプラリネ・アマンドと粉糖を加え、混ぜる。1を合わせ、七分立てにした生クリームを合わせる（c）。

＜仕上げ＞

材料
- 粉糖

作り方
シュー生地を横半分にカットし、下側の生地の上にクレーム・コアントローを塗る。その上にクレーム・セザムを直径12mmの丸形口金で絞り出し、上側のシュー生地を重ねる。粉糖をかけて仕上げる。

ごま入りチュイル生地を塗ってカリッと香ばしく焼き上げる

a　パータ・シューを焼いている途中で、黒ごま入りのチュイル生地を塗り、カリカリに香ばしく焼き上げる。

b　クレーム・パティシエールにコアントローの風味をプラス。クレーム・セザムと好相性。

「黒ごま」と「コアントロー」2種類のクリームがポイント

c　ペースト状の黒ごまとクレーム・パティシエールを合わせ、さらに生クリームと合わせる。

Chapter I * 221

サントノーレ

ピュイサンス

フランスの代表的な伝統菓子を忠実かつ大胆に表現した
見た目も味わいも存在感のある一品

パート・ブリゼにパータ・シューを絞って焼き上げた生地に、プティシューを飾り、2種類のクリームをたっぷりと重ねる。濃厚な味わいのクレーム・ディプロマートの上に軽い口当たりのクレーム・サントノーレを王冠のように絞り、シンプルながらも存在感のあるケーキに仕立てる。

recette （直径15cm　12台分）

<パータ・シュー>

材料
- 牛乳…250g　水…250g
- 無塩バター…225g　塩…10g
- グラニュー糖…10g　薄力粉…300g
- 全卵…400g

作り方
1. 鍋に牛乳、水、バター、塩、グラニュー糖を入れて沸騰させ、ふるった薄力粉をいっきに加え、手早く混ぜる。生地がまとまったら火から下ろす。
2. 1をボウルに移し、溶きほぐした全卵を少しずつ加え、混ぜ合わせる。
3. 2を天板に直径5cm大に絞り出し、アーモンドダイスをふりかけ、200℃のオーブンで15分、さらに180℃に下げて20分焼く。

<パート・ブリゼ>

材料
- 薄力粉…250g　無塩バター…150g
- 卵黄…1個分　水…40g
- 塩…5g　グラニュー糖…10g

作り方
1. 薄力粉とバターを両手でこすり合わせるようにして均一に混ぜる。
2. サラサラの状態になったら、卵黄、水、塩、グラニュー糖をほぐし混ぜ、切るように生地と合わせていく。
3. 全体に水分がいきわたったら、ひとまとめにして平らにし、何度か切り重ねる作業をくり返しながら、均一な状態にまとめる。
4. 生地がまとまったら、冷蔵庫で1時間以上ねかせる。

<クレーム・ディプロマート>

材料
- クレーム・パティシエール★…200g
- 47%生クリーム…100g

作り方
1. 生クリームを八分立てにする。
2. クレーム・パティシエールに1の生クリーム1/3量を加えて混ぜ（a）、なじんだら残りの1を加え、軽く合わせる。

<クレーム・サントノーレ>

材料
- シロップ＜グラニュー糖…10g　水…10g＞
- イタリアンメレンゲ＜卵白…30g　グラニュー糖…38g＞
- 牛乳…75g
- バニラビーンズ…1/4本
- 卵黄…2個分
- 強力粉…5g　板ゼラチン…6g

作り方
1. グラニュー糖と水を121℃に煮詰めてシロップを作る。
2. 卵白を高速のミキサーで泡立て、低速にして1を加え、きめの細かいイタリアンメレンゲを作る。
3. P224の★と同じ手順でクレーム・パティシエールを炊き上げ、戻した板ゼラチンを加え混ぜる。
4. 3が熱いうちに2のイタリアンメレンゲ1/3量を加えて軽く混ぜ（b）、残りの2を加え、気泡をつぶさないように混ぜ合わせる。

下側にのせるクリームはクレーム・ディプロマート

クレーム・パティシエール2に対し、八分立ての生クリーム1の割合で合わせる。

外側に飾るクリームはクレーム・サントノーレ

イタリアンメレンゲとクレーム・パティシエールを軽く合わせる。

▶次ページに続く

<仕上げ>

材料

あめ

作り方

1. パート・ブリゼは2mm厚さに丸くのばし、ピケする。冷蔵庫で休ませてから直径15cm大に抜く。
2. 1の円周にパータ・シューを絞り、その内側にもうずまきを描くように絞り出す。残りを直径2.5cm大に8個絞り、フォーク等ですじをつける（c）。
3. 2を200℃のオーブンで20分焼き、冷ましておく。
4. 3の直径2.5cmのシューの底面に穴を開け、クレーム・ディプロマートを詰める。上側にあめをつけ、その面を下側にしてトレーにのせ、固める。固まったら逆側にもあめをつけ、土台となる生地のまわりにのせて接着する（d）。
5. 4の中央にクレーム・ディプロマートをたっぷりとのせる(e)。その上にクレーム・サントノーレを適量のせて表面をならし（f）、残りのクレーム・サントノーレをV字片目口金で絞り出す。

クレーム・パティシエール★

<材料>牛乳…1000cc　バニラビーンズ…1本　卵黄…10個分　グラニュー糖…250g
強力粉…100g　無塩バター…100g

<作り方>
1. 鍋に牛乳とバニラビーンズを入れ、沸騰させる。
2. ボウルに卵黄とグラニュー糖をよくすり混ぜ、強力粉を入れて軽く混ぜ合わせる。
3. 2に1を1/3量加えてよく混ぜ、残りの1を加える。漉しながら鍋に戻し入れ、混ぜながらしっかり炊き上げる。最後にバターを加えて混ぜ、冷ましておく。

土台用と飾り用の生地は香ばしく焼き上げる

パート・ブリゼの上にパータ・シューをうずまき状に絞り、プティシューは直径2.5cm大に絞る。

プティシューにはクレーム・パティシエールを詰め、あめにくぐらせ、土台につける。

2種類のクリームを重ねていく

クレーム・ディプロマートをたっぷりとのせる。

その上にクレーム・サントノーレの一部をのせて表面をならす。

お店一覧とスペシャリテの掲載ページ

Pâtisserie la page
パティスリー ラパージュ

- ◆住所／千葉県船橋市習志野台 5-23-23
- ◆電話／047-490-2424
- ◆営業時間／10:00～19:00
- ◆定休日／火曜（祝日の場合は翌日休）
- ◆オーナーシェフパティシエ／松井 基

| Chap.1 | アントワネット ▶ P010 |
| Chap.3 | シシリアン ▶ P142 |

chez Shibata
シェ・シバタ

- ◆住所／愛知県名古屋市千種区山門町 2-54
- ◆電話／052-762-0007
- ◆営業時間／10:00～20:00
- ◆定休日／火曜日
- ◆オーナーパティシエ／柴田 武

Chap.1	クー・デ・ボワ ▶ P012
Chap.4	ミ・キュイ・フロマージュ ▶ P170
Chap.5	エクレール・オ・キャラメル、エクレール・アリアンス ▶ P208

PÂTISSERIE LACROIX
パティスリー ラクロワ

- ◆住所／兵庫県伊丹市伊丹 2-2-18
- ◆電話／072-747-8164
- ◆営業時間／11時～19時（売り切れ次第閉店）
- ◆定休日／月曜、火曜
- ◆オーナーシェフパティシエ／山川大介

| Chap.1 | SAYA（サヤ） ▶ P014 |
| Chap.2 | 1978（イチキュウナナハチ） ▶ P086 |

Pâtisserie Yu Sasage
パティスリー ユウ ササゲ

- ◆住所／東京都世田谷区南烏山 6-28-13
- ◆電話／03-5315-9090
- ◆営業時間／10時～19時
- ◆定休日／火曜日・第2水曜日
- ◆オーナーシェフパティシエ／捧 雄介

Chap.1	アンサンブル ▶ P017	Chap.1	パルファン ▶ P020
Chap.1	サントノーレ ノワゼット オランジュ ▶ P045
Chap.2	アルパコ ▶ P094	Chap.2	ヌメロ ドゥー ▶ P098

ENTRÉE
菓子工房 アントレ

- ◆住所／千葉県船橋市海神 6-8-2
- ◆電話／047-434-8353
- ◆営業時間／10:00～19:00
- ◆定休日／火曜（水曜は不定休）
- ◆シェフパティシエ／髙木康裕

| Chap.1 | 苺のミルフェ ▶ P023 |
| Chap.4 | 蟠桃のブランマンジェ ▶ P196 |

Shop Data * 225

PERI-TEI
ペリ亭

- 住所／兵庫県芦屋市大桝町6-8
- 電話／0797-35-3564
- 営業時間／11：00〜20：00
- 定休日／無休
- オーナーパティシエ／永井孝幸

| Chap.1 苺のモンブラン ▶ P026 |
| Chap.2 モンブラン ▶ P108 |

Patisserie Misawa
ケーキハウス ミサワ

- 住所／山梨県東八代郡石和町市部461-3
- 電話／055-262-2227
- 営業時間／12：00〜20：00
- 定休日／水曜
- オーナーパティシエ／三澤和久

| Chap.1 タルト・オ・フランボワーズ ▶ P028 |
| Chap.2 いちごのクレープ ▶ P040　Chap.3 プラリネ・ショコラ ▶ P137 |
| Chap.4 抹茶のプディング ▶ P192　Chap.5 ルーロ・オ・ブラン ▶ P214 |

PÂTISSERIE KEN NISHIO
パティスリー ケン ニシオ

- 住所／愛知県名古屋市名東区明が丘91 ハイツフジモリ1F
- 電話／052-771-0071
- 営業時間／11：00〜21：00
- 定休日／火曜日、第3水曜日
- シェフパティシエ／西尾健一

| Chap.1 シャンティ・オ・フレーズ ▶ P030 |
| Chap.2 タルト ショコラ ジャンドゥーヤ ▶ P078 |

MIKAGE TAKASUGI
御影髙杉

- 住所／兵庫県神戸市東灘区御影2丁目4番10-101号
- 電話／078-811-1234
- 営業時間／10：00〜20：00
- 定休日／不定休
- シェフパティシエ／髙杉良和

| Chap.1 いちごショート ▶ P032 |
| Chap.3 はちみつムース ▶ P148 |

CAFÉ TANAKA
カフェ タナカ

- 住所／愛知県名古屋市北区上飯田西町2-11-2
- 電話／052-912-6664
- 営業時間／平日9：30〜19：00、土日祝日8：30〜19：30 ※ケーキショップは10：00〜19：30
- 定休日／無休
- オーナーパティシエール／田中千尋

| Chap.1 ミリー・ラ・フォレ ▶ P034 |
| Chap.4 トワ・フロマージュ ▶ P174 |
| Chap.5 テ・ノワ ▶ P210 |

pâtisserie équibalance
パティスリー エキュバランス

- 住所／京都府京都市左京区北白川山田町4-1
- 電話／075-723-4444
- 営業時間／10時〜19時
- 定休日／月曜
- オーナーシェフ／山岸修

| Chap.1 キールロワイヤル ▶ P037 |
| Chap.2 ショコラルージュ ▶ P080 |
| Chap.3 メープルキャラメル ▶ P118　Chap.3 アロマティック ▶ P159 |

MAISON SOUVENIR
メゾン スヴニール

- 住所／東京都荒川区南千住 7-1-1 アクレスティ 109
- 電話／03-3801-6226
- 営業時間／9：30～20：30
- 定休日／不定休
- オーナーシェフ／折原祥浩

Chap.1	ロワイヤル・アロマ ▶ P042
Chap.2	スフレ・ショコラ ▶ P096
Chap.5	純生和三盆ロール ▶ P206

Pâtisserie PARTAGE
パティスリー パクタージュ

- 住所／東京都町田市玉川学園 2-18-22
- 電話／042-810-1111
- 営業時間／10 時～19 時
- 定休日／火曜日
- オーナーシェフパティシエール／齋藤由季

| Chap.1 | Sophie（ソフィ）▶ P048 |
| Chap.1 | Cake fruits（ケーク・フリュイ）▶ P060 |

Boulangerie Pâtisserie CALVA
ブーランジュリー パティスリー カルヴァ

- 住所／神奈川県鎌倉市大船 1-12-18
- 電話／0467-45-6260
- 営業時間／8 時半～20 時
- 定休日／火曜日・第 3 水曜日
- オーナーシェフパティシエ／田中二朗

| Chap.1 | タルト ノルマンドゥ シブースト ▶ P051 |

Archaique
アルカイク

- 住所／埼玉県川口市戸塚 4-7-1
- 電話／048-298-6727
- 営業時間／9：30～19：30（日・祝は～19：00）
- 定休日／木曜（祝日の場合は営業）
- オーナーシェフ／高野幸一

Chap.1	トロピカル ▶ P054
Chap.1	ボンム・ノルマンド ▶ P068
Chap.3	アルカイク ▶ P126

pâtisserie CERCLE TROIS
パティスリー セークルトロワ

- 住所／兵庫県神戸市東灘区魚崎北町 6-3-1 ベルセゾン魚崎 1F
- 電話／078-453-1001
- 営業時間／10：00～19：00
- 定休日／火曜
- オーナーシェフパティシエ／浅田 薫

| Chap.1 | カシスマンゴー ▶ P056 |
| Chap.1 | ショコラバナーヌ ▶ P066 |

Patisserie La plage
パティスリー ラ プラージュ

- 住所／大阪府大阪市中央区北新町 3-7
- 電話／06-6949-3938
- 営業時間／10:00～19:00
- 定休日／月曜
- オーナーシェフパティシエ／林 正人

Chap.1	シトロン・ブラン ▶ P058	Chap.2	モンブラン ▶ P106
Chap.3	アマンド ▶ P128	Chap.3	タルトレット ピスターシュ ▶ P140
Chap.3	デリス・テ・ヴェール ▶ P162

Pâtisserie PeupLier
夢菓子工房ププリエ

- 住所／埼玉県東松山市松本町2-1-60
- 電話／0493-23-7565
- 営業時間／9：30～20：00
- 定休日／不定休
- オーナーシェフ／大橋健二

Chap.1　ボルドー ▶ P063

Pierre Précieuse
ピエール・プレシュウズ

- 住所／愛知県長久手市杁ヶ池1120
- 電話／0561-61-7083
- 営業時間／10時～19時
- 定休日／月曜日、第1・3・5火曜日
- オーナーシェフパティシエ／寺島直哉

Chap.2　アプソリュ ▶ P072
Chap.2　モンブラン ▶ P112
Chap.4　タルト・シトロン・フロマージュ ▶ P168

Arcachon
アルカション

- 住所／東京都練馬区南大泉5-34-4
- 電話／03-5935-6180
- 営業時間／10：30～20：00
- 定休日／月曜・不定休
- オーナーシェフ／森本 慎

Chap.2　マリリン ▶ P082

Pâtisserie Les années folles
パティスリー レザネフォール

- 住所／東京都渋谷区恵比寿1-21-3
- 電話／03-6455-0141
- 営業時間／10時～22時
- 定休日／月曜日
- オーナーシェフパティシエ／菊地賢一

Chap.2　フォレノワール ▶ P084
Chap.3　ノワゼットカフェ ▶ P153

PATISSERIE LES TEMPS PLUS
パティスリー レタンプリュス

- 住所／千葉県流山市東初石6-185-1 エルピス1階
- 電話／04-7152-3450
- 営業時間／9時～20時
- 定休日／水曜日（祝日の場合は営業）
- オーナーシェフパティシエ／熊谷治久

Chap.2　カンテサンス ▶ P088
Chap.3　カカウェット ▶ P120

Pâtisserie CABO
パティスリー カボ

- 住所／埼玉県さいたま市緑区東浦和1-6-17
- 電話／048-875-7880
- 営業時間／10：00～19：30
- 定休日／火曜・不定休
- オーナーシェフ／伊藤香織

Chap.2　メティス ▶ P091

Le sourire d'ange
ル スリール ダンジュ

- 住所／東京都国分寺市西元町 2-17-10
- 電話／042-304-3255
- 営業時間／9：30～19：00
- 定休日／月曜（祝日の場合は営業、翌日休み）
- オーナーシェフ／木村勝司

Chap.2　マリア ▶ P101

Pâtisserie KOSAI
パティスリー コサイ

- 住所／茨城県水戸市元吉田町 2238-6
- 電話／029-304-5560
- 営業時間／9：00～19：00
- 定休日／不定休
- オーナーシェフ／小齊俊史

Chap.2　岩間栗のモンブラン ▶ P104

Agréable
アグレアーブル

- 住所／京都府京都市中京区夷川通り　高倉東入ル天守町757 ZEST-24 1F
- 電話／075-231-9005
- 営業時間／10時～20時
- 定休日／不定休
- オーナーシェフパティシエ／加藤晃生

Chap.2　マロニエ ▶ P110
Chap.3　ピスターシュ ▶ P145　Chap.3　アグレアーブル ▶ P156
Chap.4　フロマージュ・クリュ ▶ P177

LE PÂTISSIER Yokoyama
ル・パティシエ ヨコヤマ 京成大久保店

- 住所／千葉県習志野市大久保 1-1-34
- 電話／047-403-8886
- 営業時間／10：00～19：30
- 定休日／火曜日
- オーナーシェフ／横山知之

Chap.3　ショコラ・デ・ショコラ ▶ P123
Chap.5　岩シュー ▶ P204

Pâtissier Eiji Nitta
パティシエ エイジ・ニッタ

- 住所／兵庫県西宮市北口町 8-15
- 電話／0798-64-0808
- 営業時間／10：00～19：00
- 定休日／火曜（月曜不定休）
- オーナーシェフ／新田英資

Chap.3　アルマニャック ▶ P131

Charles Friedel
シャルル フレーデル

- 住所／大阪府泉佐野市日根野 4356-1
- 電話／072-461-2919
- 営業時間／10：00～18：00
- 定休日／不定休
- オーナーシェフパティシエ／門前 有

Chap.3　ブララン ▶ P134

PÂTISSERIE LA MER
ラメール洋菓子店

- ◆住所／神奈川県高座郡寒川町宮山 923-7
- ◆電話／0467-74-6141
- ◆営業時間／10:00～20:00
  10:00～17:30（カフェ）
- ◆定休日／水曜
- ◆オーナーシェフ／大関博之

Chap.2　ショコラショコラ ▶ P075
Chap.3　カフェラッテ ▶ P150
Chap.4　スティック Kiri ▶ P166

KONDITOREI Stern
コンディトライ　シュターン

- ◆住所／兵庫県芦屋市東山町 1-10
- ◆電話／0797-34-5673
- ◆営業時間／10:30～19:30
- ◆定休日／火曜・水曜（祝日の場合は営業）
- ◆オーナーパティシエ／谷脇正史

Chap.4　ケーゼクレーム トルテ ▶ P172
Chap.5　バウムクーヘン ▶ P218

NOËL
ゆりのき台　菓子工房　ノエル

- ◆住所／千葉県八千代市ゆりのき台 5-1-4
- ◆電話／047-481-7772
- ◆営業時間／9:30～19:30
- ◆定休日／水曜
- ◆オーナーシェフ／鈴木康弘

Chap.4　フロマージュ ▶ P180

Pâtissier et Salon de Thé POIRE
ポアール　帝塚山本店

- ◆住所／大阪市阿倍野区帝塚山 1-6-16
- ◆電話／06-6623-1101
- ◆営業時間／9:00～22:00
- ◆定休日／年中無休
- ◆グランシェフ／辻井良樹

Chap.4　果実美人～シークヮーサーとパイン酢のジュレ～ ▶ P183

Pâtisserie SUCRE PERE
パティスリー　シュクレペール

- ◆住所／東京都世田谷区玉川 3-21-5　シュウ稲田ビル 1F
- ◆電話／03-3708-8580
- ◆営業時間／10:00～20:00
- ◆定休日／不定休
- ◆オーナーシェフ／佐藤吉男

Chap.4　バニーユ ▶ P186
Chap.4　パスティス ▶ P190

les choux
レ・シュー

- ◆住所／神奈川県鎌倉市西鎌倉 1-1-10
- ◆電話／0467-31-5288
- ◆営業時間／10:00～19:00
- ◆定休日／なし
- ◆オーナーシェフ／倉内正巳

Chap.4　にしかまプリン ▶ P188

CHOCOLATER PALET D'OR
ショコラティエ パレ ド オール

- 住所／東京都千代田区丸の内1-5-1 新丸の内ビルディング1F
- 電話／03-5293-8877
- 営業時間／11：00〜21：00（日祝：〜20：00）
- 定休日／ビルの定休日に準じる
- オーナーシェフ／三枝俊介

Chap.4 オリエンタル ▶ P194

Biscuit
お菓子屋 ビスキュイ

- 住所／東京都葛飾区柴又4-32-16
- 電話／03-5668-8870
- 営業時間／9：30〜19：00 ※カフェは10：00〜18：30
- 定休日／年5日不定休
- オーナーシェフ／駒水純一郎

Chap.4 あんずと杏仁 ▶ P198

Pão de lo
菓子工房 パオ・デ・ロ

- 住所／兵庫県神戸市中央区元町通5-6-4
- 電話／078-371-7222
- 営業時間／10：00〜20：00
- 定休日／不定休
- オーナーパティシエ／庄村憲近

Chap.5 メープルロール ▶ P202
Chap.5 ミュウ ▶ P212

Pâtisserie Bon Courage
パティスリー ボン・クラージュ

- 住所／千葉県市川市妙典5-14-31 メゾン・ヴィクトワール1F
- 電話／047-318-6300
- 営業時間／10：00〜20：00
- 定休日／水曜（イベント時は変更あり）
- オーナーシェフ／佐藤 誠

Chap.5 ふわふわロール ▶ P216

Pâtissrie ROI LEGUME
パティスリー ロア レギューム

- 住所／埼玉県朝霞市三原3-32-10
- 電話／048-474-0377
- 営業時間／10：00〜19：00
- 定休日／火曜日・第2水曜日
- オーナーシェフ／小寺幹成

Chap.5 シュー・セザム ▶ P220

Puissance
ピュイサンス

- 住所／神奈川県横浜市青葉区みたけ台31-29
- 電話／045-971-3770
- 営業時間／10：00〜18：00
- 定休日／木曜・第3水曜日・不定休
- オーナーシェフ／井上佳哉

Chap.5 サントノーレ ▶ P222

保存版

有名パティスリーのスペシャリテ

技と個性で魅了する、人気41店の85品

発行日　2016年7月15日　初版発行

編　著　旭屋出版書籍編集部
　　　　あさひやしゅっぱんしょせきへんしゅうぶ

発行者　早嶋　茂
制作者　永瀬正人

発行所　株式会社 旭屋出版
　　　　〒107-0052
　　　　東京都港区赤坂1-7-19　キャピタル赤坂ビル8階
　　　　TEL　03-3560-9065（販売部）
　　　　　　　03-3560-9066（編集部）
　　　　FAX　03-3560-9071（販売部）
　　　　郵便振替　00150-1-19572
　　　　http://www.asahiya-jp.com

印刷・製本　株式会社シナノパブリッシングプレス

※定価はカバーにあります。
※許可なく転載・複写ならびにWeb上での使用を禁じます。
※落丁本、乱丁本はお取り替えします。

ISBN 978-4-7511-1213-7
©Asahiya shuppan 2016, Printed in Japan